JOACHIM MEWING

Die Prüfungskompetenz des Bundespräsidenten bei der Gesetzesausfertigung, insbesondere beim teilnichtigen Gesetz

Schriften zum Öffentlichen Recht

Band 333

Die Prüfungskompetenz des Bundespräsidenten bei der Gesetzesausfertigung, insbesondere beim teilnichtigen Gesetz

Von

Dr. Joachim Mewing

DUNCKER & HUMBLOT / BERLIN

Gedruckt 1977 bei Berliner Buchdruckerei Union GmbH., Berlin 61
Printed in Germany

ISBN 3 428 04025 2

Vorbemerkung

Die vorliegende Arbeit ist aus meiner 1976 der Universität Hamburg vorgelegten Dissertation hervorgegangen. Die Literaturnachweise sind bis März 1977 ergänzt.

Dank schulde ich beim Erscheinen der Arbeit meinem verehrten Lehrer, Prof. Dr. Karl-August Bettermann, der sie durch viele kritische Gespräche gefördert hat, Herrn Prof. Dr. Johannes Broermann für die Aufnahme in die Reihe der „Schriften zum Öffentlichen Recht“ und den deutschen Steuerzahlern, die durch Promotionsstipendium und Druckkostenzuschuß wirtschaftlich diese Veröffentlichung ermöglichten.

Ich widme die Arbeit

meinen Eltern.

Hamburg, im Juli 1977

Joachim Mewing

Inhaltsverzeichnis

Einleitung 13

Teil A

Der Gegenstand der Untersuchung 14

§ 1: Einordnung des Problems ... 14

I. Systematische Einordnung ... 14

II. Der Inhalt der Ausfertigungskompetenz ... 15

1. Die Bestandteile der Ausfertigungskompetenz: Prüfungskompetenz und Bekundungskompetenz ... 15
2. Der Zusammenhang von Prüfungs- und Bekundungskompetenz ... 16
3. Die Ausfertigung als gebundene Entscheidung ... 16
4. Die Gesetzesunterschrift als Verkündungsbefehl ... 18

III. Streitstand über den Umfang der Ausfertigungskompetenz ... 18

1. Stufen des Erklärungsinhaltes der Ausfertigung ... 18
2. Abgrenzung der Ausfertigungstheorien ... 19

IV. Zusammenfassung ... 21

§ 2: Die Auswirkungen der verschiedenen Theorien ... 22

I. Unterschiedliche Rechtsfolgen ... 22

1. Die Rechtsfolgen der Ausfertigung ... 22
2. Angreifbarkeit der Entscheidung des Bundespräsidenten ... 23

II. Bedeutung der Ausfertigungstheorien für die Stellung des Bundespräsidenten ... 26

1. Die Kontrolle der Verfassungsmäßigkeit von Gesetzen ... 26
2. Die Rolle des Bundespräsidenten bei Streitigkeiten um die Verfassungsmäßigkeit von Gesetzen ... 27
3. Die Bedeutung der Ausfertigungstheorien ... 29
4. Die politische Übereinstimmung von Regierungsmehrheit und Bundespräsident ... 29

§ 3: Die Ausfertigungspraxis in der Bundesrepublik 31

I. Das Fehlen verfassungsgerichtlicher Entscheidungen 31

II. Die Haltung der beteiligten Staatsorgane 31

1. Der Bundestag 31
2. Der Bundesrat 32
3. Die Bundesregierung 33
4. Der Bundespräsident 33
5. Zusammenfassung 34

III. Die einzelnen Fälle strittiger Ausfertigung 34

1. Das „Blitzgesetz“ 34
2. Das Gesetz zur Durchführung von Art. 108 Abs. 2 vom 12. Juli 1951 35
3. Die Vertragsgesetze zum EVG-Vertrag 35
4. Das Gesetz über die Errichtung der „Stiftung Preußischer Kulturbesitz“ 35
5. Das Gesetz gegen den Betriebs- und Belegschaftshandel ... 35
6. Das Haushaltsgesetz 1963 36
7. Das 2. Vermögensbildungsgesetz vom 1. Juli 1965 36
8. Die Novelle zum Ingenieurgesetz 36
9. Das Architektengesetz 37
10. Neuere Fälle 37

§ 4: Überblick über die Literatur 39

Teil B

Die Auslegung von Artikel 82 Abs. 1 S. 1 43

§ 5: Auslegung des Wortlauts von Art. 82 Abs. 1 S. 1 44

I. „Gesetze“ 44

II. „Werden ... ausgefertigt“ 44

§ 6: Auslegung des grammatischen Zusammenhangs von Art. 82 Abs. 1 S. 1 46

I. Die einzelnen Satzbestandteile 46

II. „nach den Vorschriften dieses Grundgesetzes zustande gekommen“ 46

1. Auslegung 46
2. Mindestumfang der Prüfungskompetenz 49
3. Zwischenergebnis 50

III. „Nach Gegenzeichnung“ ... 51
1. Die Gegenzeichnung in Art. 82 als Unterfall von Art. 58 ... 51
2. Die Gegenzeichnung im Staatsrecht der Bundesrepublik Deutschland ... 52
3. Die Bedeutung der Gegenzeichnung bei der Ausfertigungskompetenz ... 56
4. Zusammenfassung ... 58

IV. Ergebnis der Auslegung des grammatischen Zusammenhangs .. 58

§ 7: Historische Auslegung ... 59

I. Genetische Auslegung ... 59

II. Historische Auslegung ... 59
1. Der Wegfall der Ausfertigungsfrist ... 59
2. Die Übernahme der Regelung von Art. 70 WV ... 60
3. Der Kompetenzverlust des Bundespräsidenten ... 60
4. Zusammenfassung ... 61

§ 8: Systematische Auslegung ... 62

Erster Abschnitt: Argumente aus dem logischen Zusammenhang 62

I. Die angebliche Untrennbarkeit von formeller und materieller Prüfung ... 62
1. Meinungsstand ... 62
2. Der Zusammenhang des Untrennbarkeitsargumentes mit dem Institut der Verfassungsdurchbrechung ... 64
3. Die Rechtslage nach dem Grundgesetz ... 65
4. Der Prüfungsumfang bei Prüfung der Zustimmungsbedürftigkeit eines Gesetzes ... 67
5. Der Prüfungsumfang bei der Ausfertigung verfassungstextändernder Gesetze ... 68
6. Zwischenergebnis ... 69

II. Die Unfähigkeit des Bundespräsidenten zur materiellen Prüfung 69

III. Die Ausfertigung teilnichtiger Gesetze ... 70
1. Die Problematik des teilnichtigen Gesetzes ... 70
2. Die möglichen Ausfertigungsentscheidungen des Bundespräsidenten bei teilnichtigen Gesetzen ... 72
3. Die Gesamtablehnung des teilnichtigen Gesetzes ... 74
4. Die Gesamtausfertigung des teilnichtigen Gesetzes ... 77
5. Ergebnis ... 79

IV. Die Ausfertigung verfassungskonform zu interpretierender Gesetze ... 79

V. Zwischenergebnis ... 80

Zweiter Abschnitt: Argumente aus dem verfassungsrechtlichen Zusammenhang 80

I. Art. 82 Abs. 1 Satz 1 als Verfahrensvorschrift 80
1. Verwaltungsakte 80
2. Satzungen 81
3. Ergebnis 82

II. Art. 82 Abs. 1 Satz 1 als Normenkontrollvorschrift 82
1. Normenkontrolle bei Ausfertigung und durch Verfahren vor dem Bundesverfassungsgericht 82
2. Bedeutungswandel der Ausfertigung durch die Einführung umfassender Verfassungsgerichtsbarkeit 84
3. Verfassungsgerichtliche Normenkontrolle und Umfang der Ausfertigungskompetenz 85
4. Folgerungen und Ergebnis 87

III. Art. 82 Abs. 1 Satz 1 als Kompetenz des Bundespräsidenten 87
1. Die Stellung des Bundespräsidenten im Rahmen der Verfassung 87
2. Rechtsprüfungsbefugnisse in Einzelkompetenzen des Bundespräsidenten 88
3. Ergebnis 90

IV. Art. 82 Abs. 1 Satz 1 und die Gesetzesausfertigung in den Bundesländern 90
1. Der Zusammenhang der Länderverfassungen mit dem Grundgesetz 90
2. Der Umfang der Prüfungskompetenz in den Ländern 91

V. Art. 82 Abs. 1 Satz 1 im internationalen und historischen Vergleich 93

VI. Zusammenfassung 94

§ 9: Teleologische Auslegung 95

I. Die Funktion der Gesetzesausfertigung durch den Bundespräsidenten 95
1. Der Zweck der Gesetzesausfertigung 95
2. Ausfertigungszweck und Umfang der Prüfungskompetenz 96
a) Die formelle Ausfertigungstheorie 96
b) Beschränkt-materielle Theorie 97
c) Eigene Lösung 98

II. Funktion des Bundespräsidentenamtes 98
1. Traditionelle Funktionsbestimmungen 98
a) Der Bundespräsident als „Hüter der Verfassung" 98
b) Der Bundespräsident als „pouvoir neutre" 99

2. Neuere Funktionsbestimmungen 100
a) Politische Reservefunktion 100
b) Integrationsfunktion 101
c) Legalitätsreserve oder Notarfunktion 101

III. Zwischenergebnis 103

§ 10: Ergebnisse der Arbeit 104

I. Zusammenfassung der Ergebnisse 104

II. Auswirkungen dieser Ergebnisse 105

Anlage 107

Literaturverzeichnis 111

Einleitung

Das „Prüfungsrecht des Bundespräsidenten" bei der Ausfertigung der Bundesgesetze gemäß Art. 82 Abs. 1 S. 1[1] ist ein viel behandeltes Thema in der Literatur zum Staatsrecht der Bundesrepublik Deutschland. Mehrere Dissertationen und eine Reihe monographischer Aufsätze haben sich damit befaßt. Auch die Arbeiten zur Rechtsstellung des Bundespräsidenten gehen darauf ein.

In der Verfassungspraxis hat die Frage nach dem Umfang des Prüfungsrechtes bisher nur eine geringe Rolle gespielt. Daher liegt der Verdacht nahe, daß ein akademischer Streit vorliegt. Demgegenüber beruht diese Arbeit auf der Überzeugung, daß die Streitfrage nicht nur akademische Bedeutung hat und daß die herrschende Meinung sie nicht befriedigend beantwortet.

Deshalb wird zu zeigen sein, warum die praktische Bedeutung des Problems gering war. Bisher stimmten stets die politischen Anschauungen des Bundespräsidenten einerseits und der Regierung mit der Bundestagsmehrheit andererseits grundsätzlich überein. Diese Konkordanz ist nicht gesichert. Bei politischen Spannungen zwischen diesen Staatsorganen würde die Frage nach dem Umfang des Prüfungsrechtes bei der Ausfertigung von Gesetzen aber rasch große Bedeutung erlangen. Denn sie ist, und darauf beruht ihre intensive wissenschaftliche Behandlung, ein Prüfstein für die Bedeutung des Bundespräsidentenamtes im Verfassungsgefüge des Grundgesetzes insgesamt.

Weiter wird zu zeigen sein, warum das Hauptargument für die herrschende Meinung zu dieser Frage nicht stichhaltig ist, nämlich die angebliche Untrennbarkeit der Prüfung von formeller und materieller Verfassungsmäßigkeit.

Deshalb ist erneut zu prüfen, ob die bisherige Lösung durch eine andere ersetzt werden kann, die positiv-rechtlich besser abgesichert und praktikabler ist.

---

[1] Artikel ohne Bezeichnung sind solche des Grundgesetzes.

TEIL A

Der Gegenstand der Untersuchung

§ 1: Einordnung des Problems

I. Systematische Einordnung

Die Rechtsgrundlage für das Amt des Bundespräsidenten liegt im V. Abschnitt des Grundgesetzes (Art. 54 — Art. 61). Er enthält Vorschriften über die Wahl, die Stellung und die Absetzung dieses Staatsorgans. Kompetenzen werden dem Bundespräsidenten dort nur ausnahmsweise zugewiesen. Die Kompetenzzuweisungen finden sich verstreut in anderen Abschnitten des Grundgesetzes, jeweils in ihrem sachlichen Zusammenhang.

So werden dem Bundespräsidenten innerhalb des Abschnitts über die Gesetzgebung, in Art. 82 Abs. 1 S. 1 Kompetenzen im Gesetzgebungsverfahren zugewiesen. Danach ist er zuständig für die Ausfertigung und Verkündung der Gesetze. Die Ausfertigung ist also eine Funktion, die im Rahmen eines staatlichen Amtes ausgeübt wird. Um ihre Verwechselung mit dem subjektiven Recht einer Person auszuschließen, soll im Folgenden nicht vom Ausfertigungs*recht* oder vom Prüfungs*recht* gesprochen werden, sondern jeweils von der entsprechenden Kompetenz.

Rechtliche Bedeutung und Zweck der Verkündungskompetenz sind weitgehend geklärt[1]. Die Verkündung im amtlichen Gesetzblatt ist im Rechtsstaat Wirksamkeitsvoraussetzung für jedes Gesetz. Sie soll den Gesetzesunterworfenen ermöglichen, vom Inhalt des Gesetzes Kenntnis zu nehmen. Bei der Ausfertigungskompetenz ist sowohl der Zweck als auch die rechtliche Bedeutung umstritten. Dies drückt sich im Streit über den Umfang der Kompetenz aus.

Faktisch fertigt der Bundesrpäsident ein Gesetz aus, indem er die Originalurkunde des Gesetzes unterschreibt, deren Text dann im Bundesanzeiger abgedruckt wird, und die selbst im Bundesarchiv verwahrt wird (§ 57 GGO II)[2].

---

[1] Wild, S. 51—53; Sahlmüller, S. 69 ff.; v. Mangoldt/Klein, S. 2045 ff.

Streitig ist, welche rechtserhebliche Erklärung diese Unterschrift des Bundespräsidenten enthält[3].

II. Der Inhalt der Ausfertigungskompetenz

1. Die Bestandteile der Ausfertigungskompetenz: Prüfungskompetenz und Bekundungskompetenz

Nach Art. 82 Abs. 1 S. 1 GG werden vom Bundespräsidenten Gesetze ausgefertigt, und zwar Bundesgesetze. Die Unterschrift des Bundespräsidenten bekundet also zumindest, daß der ausgefertigte Text Gesetz ist.

Im Höchstfall könnte dagegen die Unterschrift bedeuten, daß der Ausfertigende den betreffenden Text als Gesetz will. Diese Bedeutung hatte die Ausfertigung durch den absoluten Monarchen[4], aber auch die durch den Führer im Führerstaat[5]. In abgemilderter Form, als Gesetzesanordnung mit einem vom Reichstag und Bundesrat vorgegebenen Inhalt, galt dies noch für die RV von 1871[6].

Der Bundespräsident ist nicht Gesetzgeber. Er kann also mit seiner Unterschrift nicht bekunden, der unterschriebene Text sei Gesetz, weil er ihn als Gesetz wolle. Denn die Gesetzesqualität hängt nicht vom Willen des Bundespräsidenten ab. Daher kann er mit seiner Unterschrift nur bekunden, daß der von ihm unterschriebene Text wörtlich mit einem entsprechenden Willensakt des Gesetzgebers übereinstimmt[7]. Mit der Gesetzesqualität wird also ein außerhalb der Person des Bundespräsidenten liegender Sachverhalt bekundet. Vor seiner Unterschrift muß er daher prüfen, ob dieser Sachverhalt vorliegt.

Danach enthält die Ausfertigung zwei Elemente, Prüfung und Bekundung. Der Bundespräsident prüft vor der Unterschrift, ob die Voraussetzungen für die in der Unterschrift liegende Bekundung gegeben

---

[2] Genauer zum faktischen Vorgang Müller, Gesetzgebungstechnik, S. 211—215; v. Mangoldt/Klein, S. 2031.

[3] Ebenso Rode, S. 36.

[4] Vgl. Leges 1 D, de constitutione principum, I 14: „quod principi placuit, legis habet vigorem"; Schack, Prüfung, S. 50.

[5] Vgl. dazu E. R. Huber, Verfassungsrecht, S. 238: „Die Ausfertigung und Verkündung enthält ..... die materielle Anordnung, die den im Gesetz niedergelegten Gedanken zum verbindlichen Reichswillen macht. Über die Sanktion entscheidet der Führer frei, ...", S. 242: „Das dritte Kennzeichen des Gesetzes ist, daß es einen Entscheid des Führers darstellt."

[6] So jedenfalls nach der nicht unstreitigen Ansicht von Laband. Vgl. Laband, S. 29 ff., wonach der Kaiser den Gesetzesbefehl erteilt, aber in Befolgung eines Sanktionsbeschlusses des Bundesrates.

[7] v. Mangoldt/Klein, S. 2032 m. w. N.

sind. Verläuft die Prüfung negativ, so wird der Bundespräsident die bekundende Unterschrift unterlassen bzw. verweigern. Denn wie jede Handlungskompetenz enthält die Bekundungskompetenz auch die Befugnis, die Handlung dann zu unterlassen oder zu verweigern, wenn die gesetzlichen Voraussetzungen des Handelns fehlen.

2. Der Zusammenhang von Prüfungs- und Bekundungskompetenz

Kern des Streites um die rechtliche Bedeutung der Ausfertigung ist die Frage, wie weit der Bundespräsident die formelle und materielle Verfassungsmäßigkeit des unterzeichneten Gesetzes bekundet. Als pars pro toto wird der Streit unter dem Rubrum der Prüfungskompetenz des Bundespräsidenten geführt. Dabei wird vorausgesetzt, daß sich Prüfung und Bekundung dem Umfang nach decken, was im Schrifttum überwiegend stillschweigend unterstellt wird. Bei einigen Autoren ist nicht eindeutig erkennbar, ob die Prüfung weiter reichen soll als die Bekundung[8]. Das ist aber für die Bedeutung der Ausfertigung unerheblich. Denn eine bloße Prüfungsbefugnis des Bundespräsidenten bleibt folgenlos, wenn sie die Bekundung durch Unterzeichnung oder Nichtunterzeichnung des Gesetzestextes nicht beeinflußt. Außenwirkung hat die Prüfungskompetenz also nur, soweit ihr die Befugnis des Bundespräsidenten entspricht, aufgrund dieser Prüfung ein Gesetz zu unterzeichnen oder nicht zu unterzeichnen. Nur diese durch eine Bekundungsbefugnis sanktionierte Prüfungsbefugnis ist im Streit.

3. Die Ausfertigung als gebundene Entscheidung

Streitig ist neben dem Umfang der Prüfungskompetenz auch, ob der Bundespräsident zu dieser Prüfung verpflichtet oder nur berechtigt ist.

a) Scheuner hat frühzeitig den Nachteil einer durchgängigen Prüfungspflicht des Bundespräsidenten gesehen[9]. Sie mußte damals den Präsidenten veranlassen, sich in Zweifelsfällen durch ein verfassungsgerichtliches Gutachten abzusichern. Bis 1956 stand ihm nach dem § 97 BVerfGG das Recht zu, ein solches Gutachten einzuholen. Dadurch wurde das Bundesverfassungsgericht bei verfassungsrechtlich zweifelhaften Gesetzen für ein späteres Normenkontrollverfahren präjudiziert[10]. Dies wollte Scheuner vermeiden, indem er den Bundespräsidenten von der Pflicht zur Prüfung zweifelhafter Gesetze entband, und dies in sein Ermessen stellte. Der Gesetzgeber hat dieser Argumentation durch die Abschaffung des Gutachtenrechts den Boden entzogen[11].

---

[8] Wild, S. 62; Biehl, S. 114; Rauschning, S. 161.

[9] Scheuner, Probleme, S. 298.

[10] Dazu BVerfGE, Bd. 2, S. 79 ff.

Herrfahrdt hat Scheuners Meinung modifiziert. Der Bundespräsident könne jedenfalls nach Gegenzeichnung durch ein Regierungsmitglied auf dessen Rechtmäßigkeitsprüfung vertrauen und seine eigene Prüfung unterlassen[12]. Da die Gegenzeichnung der Ausfertigung stets vorangeht, ist auch nach dieser Auffassung der Bundespräsident nie zur Prüfung verpflichtet.

b) Ob eine gebundene oder eine Ermessensentscheidung vorliegt, ist durch Auslegung von Art. 82 Abs. 1 S. 1 zu ermitteln. Die Formulierung von Art. 82 Abs. 1 S. 1 „Gesetze ... werden ... ausgefertigt" ist zwar strikter als eine eindeutig Ermessen einräumende Bestimmung (z. B. Art. 68 Abs. 1 S. 1: „kann auflösen"), aber weniger strikt als eindeutig verpflichtende Bestimmungen (z. B. Art. 63 Abs. 4 S. 2: „muß ernennen"). Das Verfassungsrecht kennt aber nicht drei, sondern nur zwei Stufen der Bindung einer Entscheidung, nämlich die Ermessensentscheidung einerseits und die gebundene Entscheidung andererseits[13]. Bei Verwendung eines einfachen Indikativs wie „werden ausgefertigt" wird regelmäßig kein Ermessen eingeräumt. Art. 82 Abs. 1 S. 1 enthält daher eine gebundene Kompetenz, bei der die Berechtigung zum Handeln oder Unterlassen sich stets mit einer entsprechenden Verpflichtung deckt[14]. Mit Recht sieht die Literatur, mit Ausnahme von Scheuner und Herrfahrdt, das Prüfungsrecht, mit welchem Umfang auch immer, gleichzeitig als Prüfungspflicht an und faßt beide als Prüfungskompetenz zusammen[15].

Folgende Überlegung bestätigt dieses Ergebnis:

Die Ausfertigungskompetenz enthält die Prüfungs- und die Bekundungskompetenz. Wenn die Prüfung im Ermessen des Bundespräsidenten steht, so steht entweder auch in seinem Ermessen, was er mit seiner Unterschrift bekundet, oder er fertigt manchmal aus, ohne die Voraussetzungen seiner Bekundung zu prüfen. Beide Konsequenzen sind nicht tragbar. Die erste würde die rechtliche Bedeutung der Ausfertigung von Fall zu Fall vom Willen des Bundespräsidenten abhängig machen, die zweite würde ihn zur Falschbekundung ermächtigen.

---

[11] § 97 BVerfGG weggefallen durch Art. 1 Nr. 19 des Gesetzes vom 21. Juli 1956 (BGBl. I, S. 662); zu den Motiven vgl. BG-Drucksache Nr. II/1662, S. 10 und S. 15 sowie Nr. II/2388, S. 4.

[12] Herrfahrdt, in: BK, Art. 82, Anm. II.

[13] Anders, S. 657.

[14] Rode, S. 96; Wolff, Bd. II, S. 17; ähnlich Hall, S. 306 und Kimminich, S. 84.

[15] Anders, S. 657; Arndt, Prüfungsrecht, S. 605; Biehl, S. 74; Dehler, Sten. Prot. 1. BT, S. 7155; Jacobi, ebd., S. 7156; Hall, S. 306; Hallier, S. 400; Hamann/Lenz, Art. 82 Anm. 4; Held, S. 64; Knöpfle, S. 716; Lechner/Hülshof, S. 430; Lindler, S. 32; U. M., S. 101; v. Mangoldt/Klein, S. 2044; Nawiasky, S. 113; Rode, S. 94—96; Sahlmüller, S. 45; Schack, Prüfungszuständigkeit, S. 92; Schäfer, S. 435; Schlochauer, S. 62; Schmidt-Bleibtreu/Klein, S. 626; Schneider, S. 261; Küppers, S. 46.

Als Ergebnis ist festzuhalten:

— Die Prüfungsbefugnis des Ausfertigers muß stets so weit reichen, wie seine Bekundung über die Qualität des ausgefertigten Textes.

— Die Bekundung muß stets durch eine positiv verlaufene Prüfung ihrer Voraussetzungen gedeckt sein, zu der der Ausfertiger verpflichtet ist.

— Deckt das Prüfungsergebnis die Bekundung nicht, so darf sie nicht erfolgen. Der Ausfertiger ist verpflichtet, die Bekundung zu verweigern.

4. Die Gesetzesunterschrift als Verkündungsbefehl

Im übrigen liegt in der Unterschrift des Bundespräsidenten noch der Verkündungsbefehl an den Bundesjustizminister als Herausgeber des Bundesgesetzblattes[16].

III. Streitstand über den Umfang der Ausfertigungskompetenz

1. Stufen des Erklärungsinhaltes der Ausfertigung

Wie gesagt, enthält die Unterschrift des Bundespräsidenten mindestens die Erklärung, der unterschriebene Text sei vom Gesetzgeber als Bundesgesetz beschlossen worden. Der Präsident bekundet also — das ist unstreitig — die wörtliche Übereinstimmung der Gesetzesurschrift mit dem vom Gesetzgeber beschlossenen Gesetzestext, also die Authentizität des Textes[17]. Ebenso unstreitig ist die Ausfertigung nicht die Erklärung eigenen Gesetzgebungswillens des Bundespräsidenten. Zwischen diesen beiden Extremen liegen aber noch verschiedene Stufen eines möglichen Erklärungsgehaltes der Ausfertigung.

Neben der Authentizität und der Gesetzesqualität kann die Ausfertigung in verschiedenem Umfang die Legalität, d. h. die Verfassungsmäßigkeit des Gesetzes bekunden[18]. Die Rechtmäßigkeitsvoraussetzungen für Bundesgesetze ergeben sich aus dem Grundgesetz, insbesondere aus seinem VII. Abschnitt. Dabei unterscheidet man formelle und materielle Voraussetzungen[19].

---

[16] Dazu näher Sahlmüller, S. 80 f.; Wild, S. 52.

[17] v. Mangoldt/Klein, S. 2032 mit zahlreichen Nachweisen; hier waren Fälschungen bis in das Spätmittelalter nicht selten, vgl. v. Brandt, S. 120 f. Noch Laband, S. 45, sieht den fürstlichen Erlaß in Gesetzesform ohne Parlamentszustimmung als reale Möglichkeit an.

[18] v. Mangoldt/Klein, S. 2032 m. w. N.

[19] Vgl. dazu Maunz/Dürig, Art. 93 Rdnr. 18.

Erste formelle Voraussetzung für ein Bundesgesetz ist die Zuständigkeit des Bundes, die sich aus Art. 71 bis 75 und aus anderen Vorschriften des Grundgesetzes ergibt. Zu den formellen Rechtmäßigkeitsvoraussetzungen gehört außerdem die Einhaltung der Vorschriften für das Gesetzgebungsverfahren in Art. 76 bis 81.

Nun enthält das Grundgesetz unterschiedliche Gesetzgebungsverfahren. Der Berücksichtigung von Länderinteressen unterschiedlicher Intensität dienen die Verfahren für Einspruchsgesetze einerseits (Art. 77 Abs. 2), für Zustimmungsgesetze andererseits (Art. 77 Abs. 3). Daneben bestehen besondere Verfahrensvoraussetzungen für verfassungsändernde Gesetze (Art. 79). Schließlich können im Gesetzgebungsnotstand Gesetze ohne Zustimmung des Bundestages zustandekommen (Art. 81). Weitere Besonderheiten ergeben sich bei Finanzgesetzen (Art. 113, Abs. 1), sowie bei der Gesetzgebung im Verteidigungsfall (Art. 115 d). Wegen dieser verschiedenen Verfahrensarten gehört es auch zu den formellen Rechtsmäßigkeitskriterien eines Bundesgesetzes, daß die Voraussetzungen für das jeweils angewandte Gesetzgebungsverfahren gegeben sind. Davon ist praktisch bedeutsam, ob ein Gesetz als Einspruchs- oder Zustimmungsgesetz behandelt werden muß. Als materielle Rechtmäßigkeitsvoraussetzung bezeichnet man die inhaltliche Vereinbarkeit eines Gesetzes mit den höherrangigen Normen des Grundgesetzes, insbesondere mit Grundrechten. Bei solchen inhaltlichen Verstößen gegen höherrangige Normen kann man noch nach der Intensität des Verstoßes differenzieren. Geringere Verstöße haben möglicherweise eine andere Rechtsfolge.

Über die Bekundung der umfassenden Legalität hinaus ist als Erklärungsinhalt der Ausfertigung nur noch die sachliche Zustimmung zum Gesetz denkbar, ein Vetorecht. Es ist aber unstreitig, daß eine solche sachliche Zustimmung mit der Ausfertigung nicht bekundet wird[20].

2. Abgrenzung der Ausfertigungstheorien

Die verschiedenen Theorien über die rechtliche Bedeutung der Ausfertigungsunterschrift unterscheiden sich im Umfang der von ihnen angenommenen Legalitätsbekundung.

a) Vereinzelt wird angenommen, daß selbst die formelle Legalität durch die Gesetzesausfertigung nur teilweise bekundet wird[21]. Danach

[20] v. Mangoldt/Klein, S. 2041; Hamann/Lenz, 2. Aufl., S. 359; für ein sachliches Vetorecht andeutungsweise Herrfahrdt, VVStRL 25, S. 225; ähnlich der KPD-Abgeordnete Renner, Sten. Prot. 1. BT, S. 7158.

[21] Dies vertreten Ladenburger, S. 116 mit S. 54; Friesenhahn, Prüfungsrecht, S. 683; die meisten Autoren übersehen überhaupt die theoretische Möglichkeit, die Kompetenz des Präsidenten noch weiter einzuschränken als auf die

prüft der Bundespräsident zwar die Zuständigkeit des Bundesgesetzgebers und die Einhaltung eines Gesetzgebungsverfahrens, nicht aber, ob auch die Voraussetzungen für die Anwendung gerade dieses Gesetzgebungsverfahrens gegeben waren.

b) Die Mehrzahl der Autoren, nach denen der Ausfertiger die formelle Legalität des Gesetzes bekundet, nimmt an, daß auch die Zulässigkeit des jeweils angewandten Gesetzgebungsverfahrens bekundet wird und vorher zu prüfen ist[22]. Dies ist von erheblicher praktischer Bedeutung, wenn zu entscheiden ist, ob ein Gesetz als Einspruchs- oder Zustimmungsgesetz behandelt werden muß. Dabei ist zu prüfen, ob das Gesetz eine Materie betrifft, deren Regelung nach Vorschrift des Grundgesetzes der Zustimmung des Bundesrates bedarf[23]. Hier muß also der Bundespräsident auf den Inhalt des Gesetzes eingehen. Dies kann man als umfassend-formelle Ausfertigungstheorie bezeichnen.

c) Herrschend ist in der Literatur die Ansicht, die Ausfertigung bekunde auch die materielle Legalität des Gesetzes. Innerhalb dieser materiellen Ausfertigungstheorie vertreten einige Autoren die Sondermeinung, der Bundespräsident bekunde nur die Abwesenheit von wesentlichen, erheblichen, offenkundigen oder schweren materiellen Fehlern[24]. Nur auf solche Fehler dürfe er das Gesetz überprüfen, und nur bei solchen materiellen Fehlern dürfe er die Ausfertigung verweigern. Das soll als beschränkt-materielle Ausfertigungstheorie bezeichnet werden.

d) Nach der Mehrzahl der Autoren bekundet die Ausfertigung in vollem Umfang die formelle und die materielle Legalität des Gesetzes. Danach muß der Bundespräsident in vollem Umfang prüfen, ob das Gesetz inhaltlich gegen eine Norm des Grundgesetzes verstößt[25], und ggf. die Ausfertigung verweigern.

---

umfassend-formelle Prüfung. So z. B. v. Mangoldt/Klein, S. 2031, und von einer Gegenposition Rode, S. 62.

[22] Dies vertreten im Ergebnis Karstens, S. 103; Laforet, S. 54; Klaus Müller, Recht, S. 54; ders. GG, Art. 82 Anm. 2; Rode, S. 89; Wertenbruch, S. 204; Salzwedel, VVDStRL 25, S. 232; Starck, S. 165; Carlo Schmid, Sten. Prot. 1 BT, S. 4954; Etzel, Sten. Port. 1. BT, S. 7158.

[23] Vgl. die Zusammenstellung der Zustimmungsvorschriften bei v. Mangoldt/Klein, S. 1371.

[24] Scheuner, Probleme, S. 298; Herrfahrdt BK, Art. 82 Anm. II 1; Rauschning, S. 163; Stein, S. 96; Heyde, S. 800; Bundesregierung, nach Anders, S. 653; erwägend Dürig, VVDStRL, 25, S. 234; Ellwein, S. 279.

[25] So im Ergebnis Albert, S. 35 f.; Anders, S. 655; Arndt, Prüfungsrecht, S. 605; Biehl, S. 115; Dagtoglou, S. 60; Dehler, Sten. Prot. 1. BT, S. 7155, 2. BT, S. 604; Jacobi, Sten. Prot. 1. BT, S. 7156; Becker, ebd., S. 7151; Eicher, S. 450; Eschenburg, S. 647; Guntermann, S. 59; Hall, S. 306; Hallier, S. 398; Hamann/Lenz, Art. 82, Anm. 4; Held, S. 64; Herzog, S. 130; Hesse, S. 258 f.; Hartung, S. 35; Kimminich, S. 85; Kniesch, S. 1327; Knöpfle, S. 716; Koellreuther, S. 229;

Nur für die materiellen Ausfertigungstheorien stellt sich schließlich das Problem, ob als Prüfungsmaßstab für die materielle Rechtmäßigkeit nur Normen des Grundgesetzes in Betracht kommen, oder darüber hinaus auch internationales oder überstaatliches Recht[26].

IV. Zusammenfassung

Ausfertigung ist die Unterzeichnung der Originalurkunde eines Bundesgesetzes durch den Bundespräsidenten. Rechtlich wird damit eine bestimmte Qualität des ausgefertigten Textes bekundet, mindestens seine Authentizität und seine Gesetzesqualität.

Der Bundespräsident prüft zuvor, ob die Voraussetzungen für diese Bekundung gegeben sind. Fehlen sie, verweigert er die Ausfertigung.

Die Ausfertigung ist eine gebundene Kompetenz. Der Bundespräsident muß ihre Voraussetzungen prüfen, und er muß entsprechend dem Prüfungsergebnis ausfertigen oder verweigern.

Streitig ist, in welchem Umfang der Bundespräsident auch die Verfassungsmäßigkeit des Gesetzes prüft und bekundet.

Kratzer, S. 282; Lechner/Hülshoff, S. 430; Lindler, S. 33; Küppers, S. 63; U. M., S. 101; v. Mangoldt/Klein, S. 2038; Maunz/Dürig, Art. 82, Rdnr. 2; Möller, Sten. Prot. 4. BT, S. 3973; Müller, Gesetzgebungstechnik, S. 213; Nawiasky, S. 113; Nierhaus, S. 103; Sahlmüller, S. 40; Schack, Prüfungszustädigkeit, S. 92; Schack, Haftung, S. 448; Schäfer, S. 435; Scheuner, Amt, S. 33; Schlochauer, S. 261; Schmidt-Bleibtreu/Klein, S. 626; Schneider, S. 261; Wild, S. 34; Kehlenbeck, S. 74; Auf der Staatsrechtslehrertagung 1966 VVDStRL 25, S. 214 ff. sprachen sich für eine materielle Prüfungskompetenz aus: Thieme, S. 219; Böckenförde, S. 221; Herrfahrdt, S. 225; Bachof, S. 228; Stern, S. 231; Partsch, S. 232; Knöpfle, S. 244.

[26] Dazu genauer Heyde, S. 800 f., der überstaatliches Recht als Prüfungsmaßstab ablehnt; ebenso schon Ipsen, S. 491 ff.

§ 2: Die Auswirkungen der verschiedenen Theorien

I. Unterschiedliche Rechtsfolgen

1. Die Rechtsfolgen der Ausfertigung

Der Streit in der Literatur wäre irrelevant, wenn die Theorien keine unterschiedlichen Auswirkungen hätten. Deshalb ist darzustellen, wieweit sie sich unterschiedlich auswirken.

Nach allen Theorien muß der Bundespräsident zunächst seine Zuständigkeit und damit die Zuständigkeit des Bundesgesetzgebers prüfen, sowie die Einhaltung des eingeschlagenen Gesetzgebungsverfahrens. Sind sie gegeben, so muß nach der beschränkt-formellen Theorie ausgefertigt werden. Nach den anderen Theorien sind weitere Voraussetzungen zu prüfen. Liegen sie nicht vor, so muß die Ausfertigung verweigert werden. Die umfassenderen Ausfertigungstheorien können also häufiger zu einer Verweigerung der Ausfertigung durch den Bundespräsidenten führen.

Dieser Unterschied ist erheblich. Die Ausfertigung führt zur Verkündung und damit zum Wirksamwerden des Gesetzes. Die Verweigerung der Ausfertigung läßt es, obgleich von den gesetzgebenden Körperschaften beschlossen, nicht wirksam werden. Im modernen Rechtsstaat mit seiner umfassenden schriftlichen Fixierung des Rechtes ist die Gesetzgebung, also die Ergänzung und Veränderung des geschriebenen Rechts, die zentrale Staatsfunktion. Die Befugnis, Gesetzgebungsakte zu verhindern, ist daher von erheblichem staatsrechtlichen Gewicht. Deshalb kommt auch dem Streit darüber, unter welchen Voraussetzungen diese Befugnis ausgeübt werden muß, große Bedeutung zu. Die formellen Ausfertigungstheorien, insbesondere die eingeschränkt-formelle, begrenzen die Bedeutung der Ausfertigung erheblich. Da Verfahrensfehler und Zuständigkeitsfehler in der Gesetzgebung selten sind, kann hiernach der Bundespräsident auch nur selten in den Gang der Gesetzgebung eingreifen. Nach den matriellen Ausfertigungstheorien, insbesondere nach der umfassend-materiellen Theorie, ist dagegen der Bundespräsident stets zum Eingriff in die Gesetzgebung befugt, wenn die Verfassungsmäßigkeit eines Gesetzentwurfs überhaupt in Zweifel steht.

2. Angreifbarkeit der Entscheidung des Bundespräsidenten

Der Bundespräsident hat vor der Ausfertigung eine Rechtsentscheidung zu treffen, ob nämlich ein innerhalb seiner Legalitätsbekundung liegender Gesetzesfehler vorhanden ist oder nicht. Diese Entscheidung kann, wie jede Rechtsentscheidung, richtig oder falsch sein. Im älteren deutschen Verfassungsrecht hatten solche Entscheidungskompetenzen oberster Staatsorgane eine besondere Bedeutung dadurch, daß die Richtigkeit der Entscheidung nicht von anderen Staatsorganen überprüft und nicht mehr rückgängig gemacht werden konnte[1].

Dies hat sich, wie für alle derartigen Entscheidungskompetenzen, auch für die Prüfungsentscheidung des Bundespräsidenten bei der Gesetzesausfertigung durch die Einführung einer umfassenden Verfassungsgerichtsbarkeit erheblich gewandelt. Die Entscheidung unterliegt zunächst inzident der Nachprüfung durch das Bundesverfassungsgericht in den verschiedenen Normenkontrollverfahren (abstraktes Normenkontrollverfahren, Art. 93 Abs. 1 Nr. 2; Inzidentkontrolle, Art. 100; Verfassungsbeschwerde gegen Gesetze, Art. 93, Abs. 1 Nr. 4 a). Denn mit der Entscheidung über die Verfassungsmäßigkeit eines Gesetzes stellt das Gericht inzident auch fest, ob der Bundespräsident ein verfassungsmäßiges oder ein verfassungswidriges (fehlerhaftes) Gesetz ausgefertigt hat, ob er also, sofern der Fehler im Rahmen seiner Prüfungskompetenz lag, zu Recht bekundet hat, das Gesetz sei fehlerfrei.

Die Prüfungsentscheidung des Bundespräsidenten kann aber auch unmittelbar überprüft werden. Durch Antrag im Organstreitverfahren kann vom Bundesverfassungsgericht gemäß § 67 S. 1 BVerfGG die Feststellung begehrt werden, daß die aufgrund der Prüfungsentscheidung erfolgte Ausfertigung oder Nichtausfertigung eines Gesetzes durch den Bundespräsidenten verfassungswidrig war[2]. Auch ein einzelner Akt des Normsetzungsverfahrens kann im Organstreit angegriffen werden[3].

Über das verfassungsprozessuale Vorgehen gegen die Prüfungsentscheidung des Bundespräsidenten besteht im wesentlichen Übereinstimmung[4].

---

[1] Laband, S. 43 f.; Anschütz, S. 369 (mit Ausnahme der Inzidentkontrolle in den beschränkt möglichen Normenkontrollverfahren vor dem StGH).

[2] Hier kann der in der Literatur ausgefochtene Streit unentschieden bleiben, ob sich die Befugnis des BVerfG zur Streitentscheidung zwischen obersten Bundesorganen direkt aus Art. 93 I Nr. 1 oder nur aus der Ausgestaltung dieses Verfahrens in §§ 63 ff. BVerfGG ergibt. Denn jedenfalls besteht in der Literatur Einigkeit, daß das BVerfG im Organstreit zur Streitentscheidung befugt ist. Strittig ist nur der Rechtsgrund dieser Kompetenz. So im Ergebnis Stephan, S. 130; Arndt, Begriff, S. 211 f.; BVerfGE 1, S. 396.

[3] Goessl, S. 215; ähnlich Hartung, S. 73 ff., mit der Besonderheit, daß die materielle Rechtswidrigkeit des Gesetzes nur im Normenkontrollverfahren geltend gemacht werden kann.

a) Verweigert der Bundespräsident die Ausfertigung eines Gesetzes, weil er es für fehlerhaft hält, so kann diese Entscheidung im Organstreit angefochten werden mit dem Ziel, feststellen zu lassen, daß die Ablehnung der Ausfertigung gegen Art. 82 Abs. 1 S. 1 verstößt. Die Ausfertigungstheorien unterscheiden sich dabei nur in der möglichen Begründung einer Entscheidung des Bundesverfassungsgerichts. Eine zulässige Organklage ist unbegründet, wenn das Gesetz fehlerhaft ist und der Fehler in die Prüfungskompetenz des Bundespräsidenten fällt. Nach den formellen Theorien und nach der eingeschränkt-materiellen Theorie muß also der Organklage auch dann stattgegeben werden, wenn der vom Bundespräsidenten behauptete materielle Fehler nach Auffassung des Bundesverfassungsgerichts zwar vorliegt, sein Fehlen aber nicht der Bekundungs- und damit der Prüfungskompetenz des Bundespräsidenten unterliegt. Eine Verweigerung der Ausfertigung kann also aus zwei Gründen verfassungswidrig sein: weil der vom Präsidenten angenommene Gesetzesfehler nicht vorhanden ist oder weil der Fehler ihn nicht zur Weigerung berechtigt[5].

b) Wenig geklärt ist dagegen das verfassungsprozessuale Vorgehen gegen die Vornahme der Ausfertigung. Dabei bekundet der Bundespräsident, je nach Ausfertigungstheorie in mehr oder minder großem Umfang, das ausgefertigte Gesetz sei fehlerfrei. Liegt gleichwohl ein relevanter Gesetzesfehler vor, so war seine Prüfungsentscheidung falsch, und die Ausfertigung verstieß gegen die in Art. 82 Abs. 1 S. 1 enthaltene Ermächtigung zur Ausfertigung insoweit fehlerfreier Gesetze. Wegen der schon erwähnten Möglichkeit, die positive Prüfungsentscheidung im Normenkontrollverfahren zu überprüfen, besteht nur ein geringes praktisches Bedürfnis speziell gegen die Ausfertigung vorzugehen. In Betracht kommt es nur, wenn der Prüfungsfehler des Bundespräsidenten gerügt werden soll, etwa weil er sich trotz eindeutiger Hinweise auf einen Fehler für die Ausfertigung entschieden hat[6].

---

[4] Anders, S. 658; Arndt, Prüfungsrecht, S. 606; Biehl, S. 114; Hallier, S. 399; Kratzer, S. 282; Lindler, S. 56; U. M. S. 102; Rode, S. 99; Schack, Prüfungszuständigkeit, S. 95; Schäfer, S. 436, Eicher, S. 451; Sahlmüller, S. 45—48; Dehler, Sten. Prot. 2. BT, S. 606; auch BP Heinemann im Schreiben an den Bundestag, mitgeteilt bei Berger, S. 3; Rode, S. 99 weist zu Recht auf die Unterschiede hin, die sich zwischen den einzelnen Meinungen hinsichtlich des Inhalts der gerichtlichen Überprüfungen ergeben. Die abweichende Ansicht von Kehlenbeck, S. 74, wonach nur die Präsidentenanklage nach Art. 61 möglich sein soll, beruht offenbar auf Flüchtigkeit.

[5] Die Nichtausfertigung ist eine Blockierung des Gesetzgebungsverfahrens. Antragsberechtigt im Sinne von § 64 I BVerfGG sind daher die anderen an der Gesetzgebung beteiligten Staatsorgane, also Bundestag, Bundesrat und Bundesregierung.

[6] Ein solcher Antrag wurde bisher nicht gestellt, aber vom Bundesrat 1957 erwogen, als der Bundespräsident trotz der Gegenvorstellungen des Bundesratspräsidenten das Gesetz über die Errichtung der „Stiftung Preußischer Kulturbesitz" ausfertigte.

Allerdings fehlt hier den anderen an der Gesetzgebung beteiligten Organen und Organteilen die Antragsberechtigung nach § 64 Abs. 1 BVerfGG, soweit das Gesetz materiell verfassungswidrig ist. Dann verletzt die Ausfertigung nicht Beteiligungsrechte der anderen Organe. Nur bei einer solchen Verletzung bestehen aber Antragsrechte im Organstreit, wie etwa bei Verletzung des Zustimmungsrechtes der Bundesregierung nach Art. 113. Fertigt der Bundespräsident hier das Gesetz aus, obgleich erforderliche Zustimmungen nicht erteilt sind, so verletzt auch er die Beteiligungsrechte dieser Organe. Diese sind dann nach § 64 Abs. 1 BVerfGG zur Organklage befugt[7].

c) In beiden Fällen, für die Klage auf Ausfertigung und für die Klage gegen die Ausfertigung, stehen die Folgen der Entscheidung des Bundesverfassungsgerichts fest. Wenn es die Verweigerung der Ausfertigung für rechtswidrig erklärt, so ist der Bundespräsident verpflichtet, das Gesetz auszufertigen. Dabei ist unerheblich, aus welchem Grund die Weigerung für unberechtigt gehalten wird. Weigert der Bundespräsident sich weiterhin, so liegt eine vorsätzliche Verletzung seiner Ausfertigungspflicht aus Art. 82 Abs. 1 S. 1 vor. Dadurch setzt er sich der Gefahr eines Verfahrens nach Art. 61 aus[8].

Die verfassungsgerichtliche Feststellung, daß eine vorgenommene Ausfertigung rechtswidrig war, bleibt dagegen ohne unmittelbare Rechtsfolge. Da sie im Organstreitverfahren ergeht, hat sie keine Gesetzeskraft nach § 31 Abs. 2 BVerfGG und berührt die Wirksamkeit des ausgefertigten Gesetzes nicht. Um dieses zu beseitigen, ist zusätzlich ein Normenkontrollverfahren erforderlich, das nach der Geschäftsverteilung vor dem 1. Senat des Bundesverfassungsgerichts stattfindet. § 14 Abs. 1 mit § 13 Nr. 6 BVerfGG. Das Organstreitverfahren gegen den Bundespräsidenten findet dagegen vor dem 2. Senat statt, § 14 Abs. 2 mit § 13 Nr. 5 BVerfGG. Daher wird möglicherweise in diesem Normenkontrollverfahren eine Plenarentscheidung nach § 16 BVerfGG erforderlich.

Da der Organstreit die Wirksamkeit des verkündeten Gesetzes nicht berührt, ist er nur sinnvoll, wenn entweder Befugnisse des Bundespräsidenten geklärt werden sollen oder wenn die Entscheidung vor der Verkündung des Gesetzes ergeht.

d) Die Zulässigkeit der verschiedenen Rechtsmittel gegen die Prüfungsentscheidung des Bundespräsidenten beurteilt sich also nach allen Ausfertigungstheorien gleich. Nur für die Begründetheit ergeben sich Unterschiede. Die Organklage *auf* Ausfertigung ist nach der umfassend-

---

[7] Mit gleichem Ergebnis Hartung, S. 86 f.

[8] So alle oben S. 23 Anm. 4 genannten Autoren.

materiellen Ausfertigungstheorie nur begründet, wenn der vom Bundespräsidenten geltend gemachte Gesetzesfehler nicht vorhanden ist. Nach den anderen Theorien ist diese Organklage schon begründet, wenn der vorhandene Fehler nicht in der Prüfungskompetenz des Bundespräsidenten liegt. Organklagen *gegen* die Ausfertigung sind nach der beschränkt-formellen Ausfertigungstheorie nur begründet, wenn ein spezifischer Zuständigkeits- oder Verfahrensfehler vorliegt. Nach den anderen Theorien begründet auch ein Fehler in der Wahl des anzuwendenden Gesetzgebungsverfahrens eine solche Organklage, wenn dadurch das Beteiligungsrecht eines Staatsorgans an der Gesetzgebung beeinträchtigt wird.

II. Bedeutung der Ausfertigungstheorien für die Stellung des Bundespräsidenten

1. Die Kontrolle der Verfassungsmäßigkeit von Gesetzen

Art. 20 Abs. 3 bindet die Gesetzgebung an die verfassungsmäßige Ordnung, regelt also den Vorrang der Verfassung vor dem einfachen Gesetz. Das Gesetz kann daher nicht nur formell anhand der Verfassungsnormen über das Gesetzgebungsverfahren kontrolliert werden, sondern auch inhaltlich, insbesondere anhand des Grundrechtskataloges, der gemäß Art. 1 Abs. 3 auch den Gesetzgeber bindet.

Das Grundgesetz kennt mehr Maßstäbe für die Verfassungsmäßigkeit eines Gesetzes als frühere deutsche Verfassungen. Gleichzeitig wurde durch das Normenkontrollverfahren ein Rechtsweg für die Beseitigung verfassungswidriger Gesetze geschaffen. Auch dies ist eine erhebliche Veränderung gegenüber früheren Verfassungssystemen[9]. Sie hat zu einer Verlagerung politischer Auseinandersetzungen in den Bereich des Verfassungsrechts und vor das Bundesverfassungsgericht geführt. Immer häufiger werden Gesetze nicht mehr allein politisch bekämpft, sondern auch mit dem Argument, sie seien verfassungswidrig. Dabei haben vor allem drei Fehlergruppen in der politischen Auseinandersetzung eine Rolle gespielt, die Unzuständigkeit des Bundesgesetzgebers, die fehlende Zustimmung des Bundesrates und der Verstoß gegen Grundrechte[10].

---

[9] Den früheren Zustand ohne verfassungsgerichtliche Kontrolle beschreibt Laband, S. 43 f. für die RV von 1871. Er hält die Öffentlichkeit der Parlamentsdebatten und die öffentliche Meinung für ausreichende Kontrollmechanismen.

[10] In der Aufstellung von 62 erfolgreichen Normenkontrollverfahren bei Rauschning, S. 167, ist kein Fall enthalten, der nicht zu den genannten drei Fallgruppen gehört. Vgl. auch Anlage I.

a) Bei den zahlreichen Streitigkeiten über die Zuständigkeit des Bundes und über die Zustimmungsbedürftigkeit eines Gesetzes handelt es sich um typische Probleme eines Bundesstaates mit verteilten Gesetzgebungskompetenzen. Sie werden durch das bestehende Parteiensystem erheblich verschärft. Denn die im Bund regierende Partei muß ein Interesse daran haben, vieles mit Einspruchsgesetzen zu regeln, bei denen ihre Bundestagsmehrheit zum Tragen kommt. Entsprechend hat die Opposition im Bund ein Interesse, Materialien der Bundesgesetzgebung zu entziehen oder der Zustimmung durch den Bundesrat zu unterwerfen, damit sie ihre Mehrheit in einzelnen Landesparlamenten oder eine Mehrheit im Bundesrat einsetzen kann. Daher sind manche verfassungsrechtlichen Streitigkeiten über Gesetzgebungszuständigkeiten und die Zustimmungsbedürftigkeit durch die allgemeinen Gegensätze zwischen den politischen Kräften bedingt[11].

b) Ähnlich liegt es, wenn Gesetze wegen Verstoßes gegen Grundrechte angegriffen werden. Die meisten Grundrechtstatbestände sind sehr unbestimmt. Da ihr Anwendungsbereich durch die Auslegung in Rechtsprechung und Literatur ständig erweitert worden ist, gibt es wenig Gesetze, bei denen die Tangierung eines Grundrechtes gänzlich ausgeschlossen erscheint. Daher werden politisch brisante Gesetze immer häufiger nach der Verabschiedung im Normenkontrollverfahren wegen Grundrechtsverstoßes angegriffen[12]: Die Angriffe der politischen Opposition werden hier durch die Normenkontrollverfahren ergänzt, die von durch ein Gesetz betroffenen gesellschaftlichen Gruppen oder von Einzelpersonen angestrengt werden[13]. Diese richten sich insbesondere gegen belastende Gesetze. So sind viele der konjunkturlenkenden oder wirtschaftssichernden Gesetze der letzten Jahre angegriffen worden[14].

2. Die Rolle des Bundespräsidenten bei Streitigkeiten um die Verfassungsmäßigkeit von Gesetzen

Die politisch bedingten Streitigkeiten über die Verfassungsmäßigkeit von Gesetzen setzen regelmäßig schon während der Gesetzesberatungen ein. Wenn das Gesetz zur Ausfertigung vorgelegt wird, kann die öffent-

---

[11] Als Beispiel ist aus dem Anfang der sechziger Jahre der Fernsehstreit zu nennen. Zwar ging es um Verwaltungsmaßnahmen, zugrunde lag aber die Frage, ob der Bund zu diesen Maßnahmen aufgrund einer Gegesetzgebungszuständigkeit befugt war, vgl. BVerfGE 12, S. 205.

[12] Vgl. BVerfGE 36, S. 1 (Grundvertrag mit der DDR) und BVerfGE 37, S. 324 (Reformgesetz zu § 218 StGB).

[13] Vgl. Doehring, S. 206.

[14] Vgl. dazu z. B. BVerfGE 29, S. 402 (Konjunkturzuschlag); BVerfGE 29, S. 221 (Aufhebung der Versicherungsfreigrenze in der Rentenversicherung); BVerfGE 30, S. 292 (Mineralölbevorratung).

liche Auseinandersetzung über die Verfassungsmäßigkeit auf dem Höhepunkt sein. Dann greift der Bundespräsident mit seiner Prüfungsentscheidung in diesen Streit ein[15]. Fertigt er aus, so verwirft er die Argumente der Gesetzesgegner, verweigert er die Ausfertigung, so brüskiert er den Gesetzgeber. Zwar ist seine positive oder negative Bekundung über die Verfassungsmäßigkeit des Gesetzes ohne Einfluß auf die verfassungsgerichtliche Entscheidung. Die Ausfertigung begründet nicht die Vermutung, das Gesetz sei fehlerfrei[16]. Insofern kann der Präsident für das Gesetz nur seine Autorität einsetzen. Das wird nur ausnahmsweise die Einleitung eines Normenkontrollverfahrens verhindern.

Anders ist es, wenn sich der Präsident für den Standpunkt der Gesetzesgegner entscheidet. Damit kann er für geraume Zeit das Wirksamwerden des Gesetzes verhindern[17]. Schon die Prüfung im Bundespräsidialamt kann Monate in Anspruch nehmen. Und selbst wenn gegen die negative Prüfungsentscheidung im Organstreitverfahren geklagt wird, können bis zur Entscheidung des Bundesverfassungsgerichts möglicherweise Jahre vergehen. Dies kann bei den genannten wirtschaftlenkenden Gesetzen die endgültige Zweckvereitelung bewirken, sofern keine Regelung nach § 32 BVerfGG getroffen wird.

Schließlich kann der Bundespräsident durch die Verweigerung der Ausfertigung die Verfechter des Gesetzes in die politisch risikoreiche Rolle des Verfassungsklägers zwingen, und damit zu einem direkten Angriff auf seine Autorität. Davor sind die gesetzgebenden Organe bisher stets zurückgeschreckt. Der Bundespräsident ist damit das einzige Staatsorgan, das nach dem Zustandekommen eines Gesetzes dessen Wirksamwerden verhindern kann, ohne das Bundesverfassungsgericht anzurufen. Die erhebliche politische und staatsrechtliche Bedeutung, die die Auseinandersetzungen über die Verfassungsmäßigkeit von Gesetzen erlangt haben, führen zu einer starken Position des Bundespräsidenten, der in diese Streitigkeiten entscheidend eingreifen kann. Ihm steht mit der Weigerungskompetenz im Ergebnis ein aufschiebendes Veto zur Verfügung. Dies kann ihm gegenüber einer Regierung, die ihr Gesetzgebungsprogramm zügig abwickeln will, erheblichen Einfluß verschaffen.

---

[15] In dieser Lage war Bundespräsident Heinemann sowohl bei den Vertragsgesetzen zum Warschauer und zum Moskauer Vertrag als auch beim Reformgesetz zu § 218 StGB, ebenso Bundespräsident Scheel bei der Wehrpflichtnovelle 1977.

[16] Darüber, daß die Normenkontrolle durch die Ausfertigungsentscheidung nicht beeinflußt wird, besteht Einigkeit; vgl. Anders, S. 657; Schmid, Sten. Prot. 1. BT, S. 4954.

[17] Dazu Kloepfer, S. 17.

3. Die Bedeutung der Ausfertigungstheorien

Das Ausmaß dieses Einflusses ist aber davon abhängig, welcher Ausfertigungstheorie man folgt. In vollem Umfang kann der Bundespräsident in die genannten Auseinandersetzungen nur nach der herrschenden umfassend-materiellen Theorie eingreifen. Schon die eingeschränkt-materielle Theorie hindert ihn in den meisten Fällen, einen Streit um die materielle Verfassungsmäßigkeit eines Gesetzes mitzuentscheiden.

Noch mehr beschränken die formellen Theorien seinen Einfluß, nach denen er die materielle Verfassungsmäßigkeit des Gesetzes nicht bekundet und deshalb auch nicht prüft. Deshalb kann er in diese politisch bedeutsamen verfassungsrechtlichen Streitigkeiten nicht eingreifen. Nach der beschränkt-formellen Theorie ist er sogar von der in der Verfassungspraxis bedeutsamen Frage der Zustimmungsbedürftigkeit eines Gesetzes ausgeschlossen. Ihm bleibt allein die Vorentscheidung bei Streitigkeiten über Zuständigkeit des Bundesgesetzgebers und Einhaltung des Gesetzgebungsverfahrens. Davon hat nur die erste Fallgruppe praktische Bedeutung.

Die politische Relevanz der verschiedenen Ausfertigungstheorien liegt also im unterschiedlichen Einfluß, den sie dem Bundespräsidenten auf die Gesetzgebung einräumen. Das Ausmaß dieses Einflusses ist aber von grundlegender Bedeutung für die Rolle des Bundespräsidentenamtes im Verfassungssystem des Grundgesetzes. Daher wird bei dem Streit um die Prüfungskompetenz des Bundespräsidenten bei der Gesetzesausfertigung inzident auch stets über die Bedeutung des Bundespräsidentenamtes im allgemeinen gestritten. Dies erklärt die ständige Aktualität der Streitfrage.

4. Die politische Übereinstimmung von Regierungsmehrheit und Bundespräsident

Der Einfluß der bisherigen Bundespräsidenten auf die Gesetzgebung ist nur gering gewesen. Die Weigerungskompetenz hat, wie noch zu zeigen sein wird, nur selten eine Rolle gespielt. Dies könnte gegen die These von der Bedeutung der Ausfertigung sprechen. Es zeigt aber nur, daß das Gewicht der Ausfertigungsbefugnis nur unter bestimmten Bedingungen zum Tragen kommt, nämlich dann, wenn keine politische Übereinstimmung zwischen dem Bundespräsidenten und dem Gesetzgeber besteht. Solange es diese Konkordanz gibt, wird der Präsident im Streit über die Verfassungsmäßigkeit eines Gesetzgebungsvorhabens in der Regel ebenso urteilen, wie Regierung und Parlamentsmehrheit. Dies führt, sofern kein bewußter Verfassungsbruch versucht wird, in der Regel zur Ausfertigung der vorgelegten Gesetze. Die Ausfertigungskompetenz bleibt dann ohne besondere Wirkung.

Erst wenn der Bundespräsident einen grundsätzlich anderen politischen Standort einnimmt als Regierung und Parlamentsmehrheit, werden auch die Ansichten über die Verfassungsmäßigkeit eines Gesetzes häufiger auseinandergehen, insbesondere über die materielle Verfassungsmäßigkeit. Dann erst muß der Bundespräsident die oben geschilderten Einflußmöglichkeiten gegen die von ihm für verfassungswidrig gehaltenen Gesetzesvorhaben ergreifen. Und erst dann kann sich seine Ausfertigungsbefugnis auf die Politik von Regierung und Parlamentsmehrheit auswirken.

Wenn die praktische Bedeutung der Ausfertigungskompetenz bisher in der Bundesrepublik gering war, so zeigt dies, daß bisher die genannte Konkordanz zwischen dem Bundespräsidenten und der Regierungsmehrheit vorhanden war. Dies läßt sich schon daraus ablesen, daß mit einer Ausnahme der jeweilige Bundespräsident stets einer der jeweiligen Regierungsparteien entstammte[18].

Nach Art. 54 Abs. 2 ist die Wahlperiode des Bundespräsidenten länger als die des Bundestages nach Art. 39 Abs. 1. Da der Präsident außerdem von einem Organ gewählt wird, das nur teilweise aus Mitgliedern des Bundestages besteht (Art. 54 Abs. 3), ist eine politische Übereinstimmung keineswegs gesichert. Mit ihrem Zerbrechen würde sich aber die Frage nach dem Einfluß des Bundespräsidenten auf die Gesetzgebung und damit nach dem Umfang der Prüfungskompetenz sehr rasch aktualisieren. Dann wird auch die Entscheidung zwischen den Ausfertigungstheorien große praktische Bedeutung gewinnen.

---

[18] Mit Ausnahme der Jahre 1957—1959, als die CDU mit der DP die Regierung stellte und der Bundespräsident (Heuss) der FDP entstammte.

§ 3: Die Ausfertigungspraxis in der Bundesrepublik

Vor der Auslegung von Art. 82 Abs. 1 S. 1 soll zunächst dargestellt werden, wie die Ausfertigungskompetenz bisher in der staatsrechtlichen Praxis der Bundesrepublik gehandhabt wurde.

I. Das Fehlen verfassungsgerichtlicher Entscheidungen

Bei der Entwicklung seit 1949 fällt vor allem auf, daß die Ausfertigungskompetenz nie Gegenstand verfassungsgerichtlicher Entscheidungen war. Lediglich der Hessische Staatsgerichtshof hat sich in einem obiter dictum für eine materielle Prüfungskompetenz des Gesetzesausfertigers nach der hessischen Landesverfassung ausgesprochen[1]. Das Bundesverfassungsgericht hat die Prüfungskompetenz des Bundespräsidenten lediglich erwähnt, ohne etwas über ihren Umfang zu sagen[2].

Seit 1949 sind Tausende von Gesetzen ausgefertigt worden. Dennoch hat niemand von der Möglichkeit Gebrauch gemacht, die Prüfungsentscheidung des Bundespräsidenten anzugreifen. Da in einer ganzen Reihe von Fällen Gesetze im Normenkontrollverfahren für rechtswidrig erklärt wurden[3], kann dies nicht etwa daran liegen, daß nur fehlerfreie Gesetze ausgefertigt worden sind. Noch auffallender ist, daß es auch in den Fällen nicht zum Organstreit gekommen ist, in denen der Bundespräsident die Weigerungskompetenz ausgeübt und ein vom Bundestag verabschiedetes Gesetz nicht ausgefertigt hat. In diesen Fällen hat also die Weigerung das Wirksamwerden des Gesetzes endgültig verhindert, ohne daß dies verfassungsgerichtlich überprüft worden wäre.

II. Die Haltung der beteiligten Staatsorgane

1. Der Bundestag

Wenn es auch Verfassungsklagen auf oder gegen Ausfertigung nicht gegeben hat, hat doch die Praxis das Problem nicht mit Stillschweigen übergangen.

---

[1] Hess.St.Ger.Hof, in: Staatsanzeiger für Hessen 1950, Beilage 7 zu Nr. 37, PSt. 62.

[2] BVerfG 1, S. 413: 2, S. 169; Rauschning, S. 154 will fälschlich aus diesen Erwähnungen eine Stellungnahme des BVerfG für eine materielle Prüfungskompetenz ableiten.

[3] Eine Aufstellung der für verfassungswidrig erklärten Vorschriften bei Rauschning, S. 167 ff. und Anlage I.

Schon am 5. April 1951 hat Carlo Schmid in einer Bundestagsdebatte über die Südweststaatfrage sich eindeutig und nachdrücklich für eine nur formelle Prüfungskompetenz ausgesprochen und die materielle Prüfungskompetenz als Verstoß gegen die Parlamentssouveränität abgelehnt[4]. Am 14. November 1951 kam es über die Prüfungskompetenz des Bundespräsidenten und der gegenzeichnenden Regierung zu einer Kontroverse im Bundestag[5]. Der damalige Justizminister Dehler und der FDP-Abgeordnete Becker sprachen sich für eine materielle Prüfungskompetenz aus, was bei der SPD mit „Hört, hört" quittiert wurde. Der KPD-Abgeordnete Renner gestand dem Bundespräsidenten zu, „Gesetze durch Veto vorübergehend anzuhalten"[6], was über die materielle Verfassungsmäßigkeitsprüfung hinaus ein aufschiebendes Veto beinhalten könnte. Als Dehler sich in einer anderen Debatte am 26. Februar 1954, nun als Abgeordneter, unter Bezug auf die Literatur und Staatspraxis der Weimarer Zeit wieder für die materielle Prüfungskompetenz ausspach, machten Vertreter von SPD und CDU Einwände nur hinsichtlich der Prüfungskompetenz der Regierung[7].

In Umkehrung des Standpunktes von Carlo Schmid hat dann der SPD-Abgeordnete Möller in der Haushaltsdebatte 1963 den Bundespräsidenten angegriffen, weil er das gegen Art. 110 Abs. 2 GG verstoßende Haushaltsgesetz 1963 ausgefertigt habe[8]. Damit wurde, vielleicht unbewußt, die materielle Prüfungskompetenz des Bundespräsidenten vorausgesetzt.

Es zeigt sich also, daß der Bundestag nach anfänglichem Widerstreben nicht nur, wie noch zu zeigen sein wird, die Ausübung der materiellen Prüfungskompetenz durch Bundespräsident Lübke hingenommen hat, sondern daß er sich, soweit überhaupt erkennbar, schließlich selbst auf den Boden der materiellen Ausfertigungstheorie gestellt hat.

2. Der Bundesrat

Der Bundesrat ging bereits 1957 von einer materiellen Prüfungskompetenz des Bundespräsidenten aus — in dem einzigen Fall, in dem es wegen der Ausfertigung eines Gesetzes fast zu einem Organstreitverfahren gekommen wäre.

Damals hielt die Mehrheit des Bundesrates das vom Bundestag als Einspruchsgesetz verabschiedete Gesetz über die Errichtung der „Stiftung Preußischer Kulturbesitz" für verfassungswidrig. Dabei wurden

---

4 Sten. Prot., 1. BT, S. 4954; zum Anlaß der Debatte genauer Anders, S. 653.
5 Sten. Prot., 1. BT, S. 7155 ff.
6 Renner, Sten. Prot., ebd., S. 7158.
7 Dehler, Sten. Prot., 2. BT, S. 604.
8 Möller, Sten. Prot., 4. BT, S. 3973 f.

sowohl formelle als auch materielle Fehler des Gesetzes geltend gemacht. Formell sollte für diese Materie die Gesetzgebungszuständigkeit des Bundes fehlen, oder jedenfalls die Zustimmung des Bundesrates erforderlich sein. Materiell sollte es gegen die Regelung der Verwaltungszuständigkeiten in Art. 83 ff. verstoßen[9]. Alle diese Gründe führte der Präsident des Bundesrates in einem Schreiben vom 21. März 1957 an, in dem er den Bundespräsidenten aufforderte, das Gesetz nicht auszufertigen. Damit ging der Bundesrat von einer materiellen Prüfungskompetenz des Bundespräsidenten aus[10]. Als der Bundespräsident, nach Einholung positiver Gutachten, dennoch das Gesetz ausfertigte, klagte der Bundesrat nicht, wie zunächst erwartet, gegen die Ausfertigung. Statt dessen beantragten einige Länder ein — erfolgloses — Normenkontrollverfahren[11].

3. Die Bundesregierung

Die Bundesregierung hat sich in der schon erwähnten Bundestagsdebatte durch Justizminister Dehler für die materielle Prüfungskompetenz des Bundespräsidenten ausgesprochen[12].

Im Fall des Belegschaftshandelsgesetzes hat sich die Regierung allerdings für eine beschränkte Prüfungskompetenz des Bundespräsidenten ausgesprochen. Sie hielt ihn für zur Ausfertigung verpflichtet, weil das Gesetz jedenfalls keine offenkundigen Fehler enthalte[13]. Als Bundespräsident Lübke trotzdem umfassend-materiell prüfte und die Ausfertigung ablehnte, hat die Bundesregierung dies hingenommen.

4. Der Bundespräsident

Von den bisherigen Bundespräsidenten hat schon Theodor Heuss die materielle Prüfungskompetenz beansprucht[14]. Er hat aber während seiner Amtszeit nur einmal eine Ausfertigung verweigert[15]. Im übrigen hat er sich bemüht, seine rechtlichen Bedenken schon in die Beratungen von Regierung und Bundestag einfließen zu lassen, um die spätere Konfrontation mit ihnen zu vermeiden.

Bundespräsident Lübke hat in seinem Streben nach Aufwertung des Bundespräsidentenamtes naturgemäß auch die materielle Prüfungs-

---

[9] Darstellung des Sachverhalts im Tatbestand von BVerfGE 10, S. 21 ff.

[10] Anders, S. 653; Rode, S. 46 Anm. 43; Wild, S. 63.

[11] Dieses Verfahren führte zur Entscheidung BVerfGE 10, S. 21 ff.

[12] Vgl. oben, S. 32 Anm. 5.

[13] Vgl. bei Anders, S. 653.

[14] Mitteilung des Bundespräsidenten an v. Mangoldt, in: v. Mangoldt, S. 442.

[15] Vgl. unten, Anm. 22.

kompetenz beansprucht und in mehreren Fällen von der Weigerungskompetenz Gebrauch gemacht[16], ebenso Bundespräsident Heinemann[17].

Von Bundespräsident Scheel liegt eine Stellungnahme noch nicht vor. Er hat bisher keine Ausfertigung verweigert, hat aber in der Debatte um die Wehrpflichtnovelle die Möglichkeit der Nichtausfertigung aus materiellen Gründen angedeutet und läßt weiterhin im Bundespräsidialamt jedes auszufertigende Gesetz auf formelle und materielle Fehler prüfen[18].

5. Zusammenfassung

Insgesamt liegen nur wenige und meist indirekte Stellungnahmen der obersten Staatsorgane vor. Diese befürworten oder dulden überwiegend eine materielle Prüfungskompetenz des Bundespräsidenten. Davon ist man auch in der öffentlichen Diskussion um die Ausfertigung der Ostverträge und des Reformgesetzes zu § 218 StGB in der Amtszeit von Bundespräsident Heinemann ausgegangen.

III. Die einzelnen Fälle strittiger Ausfertigung

Die Fälle, in denen die Frage der Ausfertigung eines Gesetzes durch den Bundespräsidenten umstritten war, sind schon wiederholt dargestellt worden[19]. Dabei werden sie häufig pauschal als Praktizierung der materiellen Prüfungskompetenz ausgegeben[20]. Zu untersuchen ist, in welchem Umfang dies tatsächlich der Fall war.

1. Das „Blitzgesetz“[21]

Beim sogenannten Blitzgesetz war streitig, ob es mit dem Verfassungsauftrag in Art. 118 S. 2 vereinbar war. Fraglich war also die materielle Verfassungsmäßigkeit des Gesetzes. Bundespräsident Heuss hat es ausgefertigt. Der Umfang, in dem die Prüfungskompetenz ausgeübt wird, ist aber nur erkennbar, wenn sie zur Weigerung führt. Sonst hat die Prüfung keine Außenwirkung. Daher läßt dieser Fall keinen Schluß auf den Umfang der tatsächlich ausgeübten Prüfungskompetenz zu.

---

[16] Dazu Wild, S. 63 f.

[17] Dazu Berger, S. 3; Schultz, S. 650.

[18] Mitteilung des Bundespräsidialamtes an den Verfasser v. 22. 7. 74.

[19] Vor allem Wild, S. 62—65; Rauschning, S. 156—159; Berger, S. 4—6; Anders, S. 653—654; bei Wild, S. 89—92 auch Übersichten über die Ausübung der Prüfungskompetenz durch das Bundespräsidialamt.

[20] So bei Biehl, S. 116; Rauschning, S. 156.

[21] Dazu Wild, S. 62; U. M. S. 96 ff.

2. Das Gesetz zur Durchführung von Art. 108 Abs. 2 vom 12. Juli 1951[22]

Zu diesem Gesetz holte der Bundespräsident ein Gutachten des Bundesverfassungsgerichts nach dem damals geltenden § 97 Abs. 2 BVerfGG ein. Als das Gutachten negativ ausfiel[23], verweigerte er die Ausfertigung. Umstritten war hier, ob das als Einspruchsgesetz verabschiedete Gesetz der Zustimmung des Bundesrates bedurfte. Der geprüfte Fehler fällt also in den Rahmen der umfassend-formellen Prüfung.

3. Die Vertragsgesetze zum EVG-Vertrag[24]

Bei diesen 1952/53 politisch erbittert umkämpften Gesetzen war vor allem die materielle Verfassungsmäßigkeit umstritten. Da mit Inkrafttreten der Gesetze die Verträge völkerrechtlich verbindlich wurden, spitzte sich der verfassungsrechtliche Streit auf eine verfassungsgerichtliche Entscheidung *vor* Verkündung des Gesetzes zu. Der Bundespräsident ersuchte das Verfassungsgericht um ein umfassendes Gutachten gemäß § 97 BVerfGG. Nachdem aber das Gericht erklärt hatte, sein Gutachten sei präjudiziell für ein späteres Urteilsverfahren[25], zog der Präsident sein Ersuchen zurück. Die vom Bundestag verabschiedeten Gesetze fertigte er dann, nach längeren Zögern[26], aus. Mit dem Gutachtenersuchen nahm er zwar die materielle Prüfungskompetenz in Anspruch, übte aber die Weigerungskompetenz nicht aus.

4. Das Gesetz über die Errichtung der „Stiftung Preußischer Kulturbesitz"[27]

Hier ging es sowohl um formelle als auch um materielle Gesetzesfehler. Der Bundespräsident fertigte das Gesetz aus, und im nachfolgenden Normenkontrollverfahren wurde es für fehlerfrei befunden. Da auch hier die Ausfertigung nicht verweigert wurde, ist ein Schluß auf den Umfang der ausgeübten Prüfungskompetenz nicht möglich.

5. Das Gesetz gegen den Betriebs- und Belegschaftshandel[28]

Dies Gesetz wurde 1960 auf Drängen der CDU-Mittelstandsvertreter verabschiedet, im Hinblick auf die Bundestagswahl 1961. Bereits bei

[22] Dazu Wild, S. 64.
[23] BVerfGE 1, S. 76 ff.
[24] Zum Sachverhalt vgl. den Tatbestand von BVerfGE 2, S. 146 f.
[25] BVerfGE 2, S. 79 f.
[26] Verabschiedung im Bundestag am 19. 3. 53, Ausfertigung am 28. 4. 54, BGBl. II 1954, S. 57 und 342.
[27] Vgl. oben, S. 32; dazu auch Wild, S. 63; Anders, S. 653; Tomuschat, S. 75, Anm. 7.

den Gesetzesberatungen war streitig, ob das Gesetz gegen Art. 12 verstieß, also materiell verfassungswidrig war. Die Bundesregierung legte es nach Gegenzeichnung zur Ausfertigung vor; das Gesetz sei jedenfalls nicht offensichtlich mit dem Grundgesetz unvereinbar. Nach Einholung eines Rechtsgutachtens verweigerte der Bundespräsident in Schreiben an die Präsidenten von Bundestag und Bundesrat die Ausfertigung, weil das Gesetz gegen Art. 12 Abs. 1 verstoße. Dies ist der erste Fall, in dem die Ausfertigung wegen der materiellen Verfassungswidrigkeit eines Gesetzes verweigert wurde.

Die Prüfung durch den Bundespräsidenten nahm mehr als acht Monate in Anspruch, die Weigerung erfolgte erst nach der Bundestagswahl 1961. Da Regierung und Parlament das Gesetz im Hinblick auf die Wahl trotz eigener rechtlicher Bedenken verabschiedet hatten, waren sie nach der Wahl an einer Organklage auf Ausfertigung nicht interessiert. Daher unterblieb die verfassungsgerichtliche Überprüfung dieser Weigerung des Bundespräsidenten.

6. Das Haushaltsgesetz 1963[29]

Bundespräsident Lübke hatte das Haushaltsgesetz 1963 schon vor der Behauptung des Abgeordneten Möller über dessen materielle Verfassungswidrigkeit ausgefertigt. Für den Umfang der ausgeübten Prüfungskompetenz sagt das nichts.

7. Das 2. Vermögensbildungsgesetz vom 1. Juli 1965[30]

Vor Ausfertigung dieses Gesetzes holte Bundespräsident Lübke ein Gutachten ein, weil Zweifel an der Vereinbarkeit des Gesetzes mit Grundrechten, also an der materiellen Verfassungsmäßigkeit, bestanden. Nach dem positiven Ergebnis des Gutachtens fertigte er das Gesetz aus. Auch hier hat die Ausübung der materiellen Prüfungskompetenz keine Außenwirkung gehabt.

8. Die Novelle zum Ingenieurgesetz[31]

Mit Schreiben vom 22. September 1969 an den Bundestagspräsidenten verweigerte Bundespräsident Heinemann die Ausfertigung einer Novelle zum Ingenieurgesetz. Dies Gesetz war im Normenkontrollverfah-

---

[28] Dazu Wild, S. 63; Bachof, VVDStRL 25, S. 228; Anders, S. 653; auch Spiegel, BB 1961, S. 1214; Tiefenbacher, BB 1961, S. 1177 f.

[29] Vgl. oben, S. 32; dazu auch Anders, S. 654; Wild, S. 64.

[30] Dazu Wild, S. 65.

[31] Dazu Biehl, S. 116.

ren für verfassungswidrig erklärt worden[32], und zwar wegen Unzuständigkeit des Bundesgesetzgebers. Hier beruhte die Weigerung also auf einem formellen Zuständigkeitsfehler[33].

9. Das Architektengesetz[34]

Mit Schreiben an den Bundestagspräsidenten vom 23. April 1970 verweigerte Bundespräsident Heinemann erneut eine Gesetzesausfertigung, und zwar die Ausfertigung des schon am 2. Juli 1969 vom Bundestag beschlossenen Architektengesetzes. Zur Begründung führte er aus, die tragenden Gründe des Bundesverfassungsgerichts für die Verwerfung des Ingenieurgesetzes träfen auch auf das Architektengesetz zu. Da diese Entscheidung — wie schon gesagt — auf der Feststellung beruhte, daß für den Schutz einer Berufsbezeichnung der Bundesgesetzgeber nicht zuständig sei, war auch diese Weigerung nur Ausdruck der beschränkt-formellen Prüfungskompetenz.

10. Neuere Fälle

Bei den Gesetzen zu den Ostverträgen[35] und beim Reformgesetz zu § 218 StGB[36] wurde die Prüfungsentscheidung des Bundespräsidenten mit Spannung erwartet, weil die materielle Verfassungsmäßigkeit dieser Gesetze sehr umstritten war. Da er ausfertigte, blieb auch hier die möglicherweise vorgenommene materielle Prüfung ohne Außenwirkung.

Damit ergibt sich folgendes Bild:

In der 26jährigen Geschichte der Bundesrepublik wurde nur in einem Fall ein Gesetz wegen materieller Verfassungswidrigkeit nicht ausgefertigt, das Belegschaftshandelsgesetz. Das Parlament nahm die Weigerung hin. Allerdings ist nicht erkennbar, ob dies geschah, weil man den Bundespräsidenten für prüfungsberechtigt und das Prüfungsergebnis für richtig hielt, oder nur, weil man nach der Bundestagswahl ohnehin nicht mehr daran interessiert war, das Gesetz in Kraft treten zu lassen. Bei nur einem Anwendungsfall der materiellen Prüfungskompetenz

---

32 BVerfGE 26, S. 246 ff.

33 Biehl, S. 116, führt dessen Fall als Beispiel für die Ausübung der materiellen Prüfungskompetenz an.

34 Dazu Berger, S. 3; Schultz, S. 650.

35 Nierhaus, S. 107. Die Ostvertragsgesetze wurden von Bundespräsident Heinemann ausgefertigt. Er erklärte jedoch ausdrücklich, daß er sie auch materiell geprüft habe: „Ich hatte zu prüfen, ob die Gesetze mit dem GG übereinstimmen. Das habe ich getan, und bejahe die Übereinstimmung" (Fernsehansprache vom 23. 5. 1972).

36 BGBl. 1974 I S. 1297.

kann man nicht von einer gefestigten Verfassungspraxis sprechen[37]. Und auch, wenn in Bereichen, die von einem Judikat noch nicht berührt worden sind, der Übung der Beteiligten besondere Bedeutung zukommt[38], reicht ein Fall nicht, um ein Gewohnheitsrecht des Bundespräsidenten auf materielle Prüfung zu begründen[39].

Drei Gesetze sind wegen formeller Verfassungswidrigkeit nicht ausgefertigt worden. Beim Architektengesetz und bei der Novelle zum Ingenieurgesetz mangelte es an der Zuständigkeit des Bundes. Bei dem Gesetz über die Finanzverwaltung vom 12. Juli 1951, in der Amtszeit von Bundespräsident Heuss, fehlte die Zustimmung des Bundesrates. Die beiden ersten Gesetze fallen damit in den Bereich der nur beschränkt-formellen Kompetenz, der letzte Fall in den Bereich der umfassend formellen Prüfungskompetenz.

Die vier von den Bundespräsidenten beanstandeten Gesetze hatten Fehler, die alle zu den Fehlergruppen gehören, aus denen bisher das Bundesverfassungsgericht Bundesgesetze für nichtig erklärt hat. Zahlenmäßig betragen die Beanstandungen der Bundespräsidenten erheblich weniger als 10 % der Beanstandungen durch das Bundesverfassungsgericht im Normenkontrollverfahren[40].

---

[37] Dies tun Biehl, S. 115 f.; Rauschning, S. 156.

[38] Tomuschat, S. 75 f.

[39] So aber Biehl, S. 116; Rauschning, S. 156; Winkler, S. 31.

[40] Vgl. Anlage I.

§ 4: Überblick über die Literatur

Schon vor dem ersten politischen Streit begann die wissenschaftliche Diskussion um die Prüfungskompetenz des Bundespräsidenten[1]. Nawiasky beygründet 1950 die materielle Prüfungskompetenz mit dem Gedanken, wegen des Amtseides dürfe der Präsident keine irgendwie fehlerhaften Gesetze ausfertigen[2]. Im gleichen Jahr entwickelt Laforet zuerst die Gegenposition. Der Bundespräsident soll auf eine formelle Prüfungskompetenz beschränkt sein, weil er im abstrakten Normenkontrollverfahren vor dem Bundesverfassungsgericht nach Art. 93 Abs. 1 Nr. 2 nicht antragsberechtigt und daher für die Übereinstimmung der Gesetze mit der Verfassung nicht verantwortlich sei[3].

Eine wissenschaftliche Stellungnahme anläßlich der Südweststaatdebatte 1951 im Bundestag stimmt Nawiasky zu[4]. Im gleichen Jahr erscheinen die ersten Monographien. Darin werden neben Nawiaskys Eidesargument die künftigen Standardbegründungen der materiellen Theorie entwickelt: Angebliche Untrennbarkeit von formeller und materieller Prüfung[5] und Übernahme von Formulierung und Bedeutung des Art. 82 Abs. 1 S. 1 aus der Weimarer Verfassung[6].

1952 wird die materielle Theorie schon als herrschend bezeichnet[7]. Wertenbuch kann zwar ihre Argumente nicht widerlegen, billigt aber aus systematischen Gründen dem Bundespräsidenten, wegen seiner schwächeren Stellung im Vergleich zum Reichspräsidenten, nur eine formelle Prüfungskompetenz zu[8]. Im gleichen Jahr entwickelt Scheuner erstmals eine vermittelnde beschränkt-materielle Theorie, wonach eine Prüfungs- und Weigerungspflicht des Bundespräsidenten nur bei offenkundigen materiellen Gesetzesfehlern bestehen soll[9].

---

[1] Zum Meinungsstand während der Weimarer Republik zu Prüfungskompetenz des Reichspräsidenten vgl. Grau, S. 310 f.; Ehmke, S. 388—392; Ladenburger, S. 38—48; zur Prüfungspraxis während der Weimarer Zeit ausführlich Wild, S. 26—32.

[2] Nawiasky, S. 113.

[3] Laforet, S. 54.

[4] U. M., S. 101.

[5] Lindler, S. 40; Schäfer, S. 435.

[6] Schäfer, S. 435.

[7] Eicher, S. 450.

[8] Wertenbruch, S. 202.

[9] Scheuner, Probleme, S. 298.

Diese bleibt der argumentative Rahmen für das Schrifttum der nächsten Jahre, in dem durchweg die materielle Theorie vertreten wird[10]. Als deren Hauptargument arbeitet man mehr und mehr die logische Untrennbarkeit von formeller und materieller Prüfung heraus[11]. Andere Begründungen werden nur noch hilfsweise angeführt.

Nachdem Friesenhahn sich auf der Staatsrechtlehrertagung 1958 noch einmal aus systematischen Gründen gegen eine materielle Prüfungskompetenz ausgesprochen hat[12], ebbt die Diskussion ab. Die Literatur sieht mehr und mehr die materielle Theorie ohne Begründung[13] oder nur unter Berufung auf das Untrennbarkeitsargument[14] als richtig an. Auch die resümierenden Aufsätze von Anders und Schack stützen sich vor allem darauf[15]. In der ersten Amtszeit von Bundespräsident Lübke (1959—1964) nimmt die staatsrechtliche Literatur also nahezu einhellig eine materielle Prüfungskompetenz des Bundespräsidenten an.

Mit der „latenten Präsidentenkrise"[16] in der zweiten Amtszeit von Bundespräsident Lübke flammt die Diskussion über die Stellung des Bundespräsidenten wieder auf[17], und mit ihr der Streit um die Ausfertigungskompetenz. Sahlmüller dehnt die Argumentation der materiellen Theorie auf die Ausfertigung in den Bundesländern aus[18]. Auf der Staatsrechtlehrertagung 1966 sind aber die Ansichten durchaus geteilt, obgleich die Befürwortung der materiellen Theorie überwiegt[19].

Im gleichen Jahr führen dann Friesenhahn und Ladenburger die Argumentation erstmals über den bisherigen Stand hinaus[20]. Auch sie halten formelle und materielle Prüfung für untrennbar. Aber sie arbeiten die Möglichkeit heraus, die formelle Prüfung soweit zu beschränken, daß sie keine materielle Prüfung mehr voraussetzt. Eine Wirkung auf die herrschende Meinung bleibt aber aus. Vielmehr wird 1967 erstmals behauptet, die materielle Prüfungskompetenz sei schon Gewohnheitsrecht[21].

---

[10] Koellreuther, S. 229; v. Mangoldt, S. 442; Schneider, S. 261; Kratzer, S. 282; Kehlenbeck, S. 74; Held, S. 64; Eschenburg, S. 647; Schlochauer, S. 62; Lechner/Hülshoff, S. 430; Arndt, Prüfungsrecht, S. 605.

[11] Küppers, S. 17; Albert, S. 29.

[12] Friesenhahn, Parlament, S. 71.

[13] Kniesch, S. 1327; Dagtoglou, S. 60; Müller, Gesetzgebungstechnik, S. 213.

[14] Maunz/Dürig, Art. 82 Rdnr. 2; Hallier, S. 399; Hall, S. 306.

[15] Anders, S. 656 (1963) und Schack, Prüfungszuständigkeit, S. 90 (1964).

[16] Eschenburg, Praxis, S. 145.

[17] Maurer, insbes. S. 670, m. w. N.

[18] Sahlmüller, insbes. S. 39.

[19] Vgl. VVDStRL 25, S. 214 ff.

[20] Friesenhahn, Prüfungsrecht, S. 683; Ladenburger, S. 27.

[21] Winckler, S. 31.

Weiter führt erst die 1968 erscheinende Dissertation von Rode, einem Schüler Wertenbruchs. Er weist nach, daß die bisher allgemein unterstellte logische Untrennbarkeit von formeller und materieller Prüfung auf einem falschen Verständnis von Art. 79 beruht[22]: tatsächlich setze die formelle Prüfung die materielle nicht voraus; es sei daher möglich und aus systematischen Gründen erforderlich, den Bundespräsidenten auf die formelle Prüfung zu beschränken.

Über diesen Stand ist die Diskussion seither nicht hinausgegangen. Schack hat zwar die Trennbarkeit von formeller und materieller Prüfung anerkannt, will aber aus systematischen Gründen an der materiellen Prüfungskompetenz festhalten[23]. Im übrigen bleibt Rodes Arbeit folgenlos. Zum Teil wird sein Gedankengang nicht verstanden, wenn man sich mit ihm auseinandersetzt[24]. Die Standardwerke halten, ohne Rode zu erwähnen, an dem Untrennbarkeitsargument fest[25]. Allerdings werden die formellen Theorien als „im Vordringen" befindlich bewertet[26], und man macht sich die Mühe, den Umfang der materiellen Prüfungskompetenz genauer abzustecken[27]. Außerdem äußern sich in den letzten Jahren verschiedene Autoren, zwar ohne Verwendung von Rodes Argumentation, aber mit neuen Argumenten, im Sinne der formellen Theorie[28].

Auffallend ist insbesondere die in den letzten Jahren deutliche Tendenz, wegen der unliebsamen Konsequenzen die materielle Prüfungskompetenz zu beschränken, sei es, daß jedenfalls nach Gegenzeichnung durch die Bundesregierung keine Prüfungspflicht mehr bestehen soll[29], sei es, daß eine Weigerungskompetenz nur bei offenkundigen oder schwerwiegenden materiellen Gesetzesfehlern bestehen soll[30].

---

[22] Rode, insbes. S. 51—59; ähnlich zu Art. 79 schon Friesenhahn, Prüfungsrecht, S. 683—685.

[23] Schack, Rezension Rode, S. 410; Schack, Rezension Wild, S. 971 f.

[24] So bei Wild, S. 59; Rauschning, S. 151; Biehl, S. 113, 115; Nierhaus, S. 95 bis 99.

[25] Hesse, S. 258 f.; Schack, Haftung, S. 448; Maunz, 18. Aufl., S. 251; Schmidt-Bleibtreu/Klein, 2. Aufl., S. 626; Herzog, S. 130; Hamann/Lenz, 3. Aufl., Art. 82 II 2; v. Mangoldt/Klein, S. 2039.

[26] Bei Berger, S. 8; ihre Ablehnung der Ausfertigungskompetenz des Bundespräsidenten insgesamt de lege ferenda wird von Henke, S. 728 und Heyde, S. 790 geteilt, von Wild, S. 34, Nierhaus, S. 108 und Schack, Rezension, Wild, S. 972 dagegen verworfen.

[27] Heyde, S. 800.

[28] Heyde, ebenda; Karstens, S. 103 f.; Müller, Recht, S. 54; Model/Müller, Art. 82 Anm. 2.

[29] Herrfahrdt, in: BK, Art. 82 II 1.

[30] Stein, S. 96; Heyde, S. 800; Rauschning, S. 163.

Im Ergebnis gleichen sich die Meinungen damit an. Denn selbst Ladenburger, der die Prüfungskompetenz am stärksten einschränkt, erwägt, wenn auch aus anderem Rechtsgrund, eine Weigerungskompetenz bei offenkundigen oder schweren materiellen Fehlern[31].

[31] Ladenburger, S. 130—136.

TEIL B

Die Auslegung von Artikel 82 Abs. 1 S. 1

Die verfassungspolitischen Implikationen der verschiedenen Theorien führen oft zu einer Vermischung von Argumenten de constitutione lata mit solchen de constitutione ferenda, und schließlich zu der Meinung, die Frage sei nur politisch, nicht juristisch lösbar[1]. Zwar sind verfassungsrechtliche Streitfragen meistens auch politische Streitfragen[2]. Sie sind aber mit juristischen Mitteln zu entscheiden, nämlich durch Interpretation der einschlägigen Rechtsnormen, hier des Art. 82 Abs. 1 S. 1[3].

---

[1] So Melichar, VVDStRL 25, S. 235; für die Weimarer Zeit schon Grau, S. 311.

[2] Salzwedel, VVDStRL 25, S. 232.

[3] Vgl. Bettermann, VVDStRL 25, S. 235.

§ 5: Auslegung des Wortlauts von Art. 82 Abs. 1 S. 1

Außer in Art. 82 Abs. 1 S. 1 enthält das Grundgesetz keine weitere Norm über die Ausfertigung. Daher ist allein diese Vorschrift, zunächst aufgrund ihres Wortlauts, auszulegen. Art. 82 Abs. 1 S. 1 lautet:

„Die nach den Vorschriften dieses Grundgesetzes zustandegekommenen Gesetze werden vom Bundespräsidenten nach Gegenzeichnung ausgefertigt und im Bundesgesetzblatte verkündet."

I. „Gesetze"

Der Streit um die Ausfertigungskompetenz wäre mit einem Satz abzutun, wenn der in Art. 82 Abs. 1 S. 1 benutzte Gesetzesbegriff nur die fehlerfreien und daher vollgültigen Gesetze umfassen würde, wenn alle anderen Texte Nichtgesetze, nicht Gesetze im Sinne dieser Vorschrift wären. Zwar steht fest, daß „Gesetz" im VII. Abschnitt des Grundgesetzes stets nur das formelle Gesetz meint[1]. Der Sprachgebrauch im Grundgesetz und in anderen Gesetzen besagt aber nichts über die Fehlerfreiheit des Gesetzes. So wird auch für verfassungswidrige und nichtige Gesetze der Begriff „Gesetz" gebraucht[2]. Es wäre daher eine für die Auslegung wertlose petitio principii, wollte man den Begriff des Gesetzes auf solche beschränken, die von Fehlern frei sind, welche nach der jeweiligen Ausfertigungstheorie der Bundespräsident zu prüfen hat. Der im Grundgesetz gebrauchte Gesetzesbegriff umfaßt jedenfalls die Gesetze aller Fehlergrade, die für die verschiedenen Ausfertigungstheorien von Bedeutung sind. Die Frage, welche dieser Gesetze nicht auszufertigen sind, muß daher nach anderen Kriterien beantwortet werden. Aus dem in Art. 82 Abs. 1 S. 1 verwendeten Begriff „Gesetze" ergibt sich dafür nichts.

II. „Werden ... ausgefertigt"

Verschiedene Autoren behaupten, die Ausfertigung enthalte begrifflich stets die Befugnis des Ausfertigers, die materielle Rechtmäßigkeit des auszufertigenden Gesetzes zu prüfen[3]: „Ausfertigung" bekunde die

---

[1] Zur Unterscheidung von formellem und materiellem Gesetzesbegriff im Grundgesetz vgl. Starck, S. 21 und S. 164 ff.

[2] Z. B. in Art. 100 Abs. I S. 1 oder in § 31 Abs. II BVerfGG; hierzu auch Kipp, S. 100 und S. 102.

umfassende formelle und materielle Legalität des Gesetzes[4]. Ebenso lapidar meinen andere, die Ausfertigung enthalte begrifflich stets nur die Authentizitätsprüfung und die Prüfung der formellen Gesetzesqualität des auszufertigenden Gesetzes[5].

Die Wortauslegung ist aber wertlos, wenn sie einem Begriff eine Bedeutung beilegt, die im wissenschaftlichen Sprachgebrauch nicht unstreitig ist. Das ist nur die Wiederholung einer These in Form einer Begriffsdefinition, keine Begründung für diese These. Hier gehen gewichtige Literaturstimmen von verschiedenen Ausfertigungsbegriffen aus. Dieser liegt daher nicht im Sinne einer dieser verschiedenen Theorien fest.

Eine solche Festlegung hat schon Laband versucht, um den Ausfertigungsbegriff für Art. 17 der Reichsverfassung von 1871 zu klären. Laband wollte nachweisen, daß die Ausfertigung mit der Promulgation des französischen Staatsrechts identisch sei, und daß diese wiederum stets die Bekundung und Prüfung enthalten habe, der staatliche Gesetzgebungsbefehl sei verfassungsmäßig erlassen worden[6]. Diese Begriffsbildung hat sich nicht durchgesetzt. Schon die Gleichsetzung von Ausfertigung und Promulgation war nicht zweifelsfrei[7]. Die Anwendung des Labandschen Ausfertigungsbegriffs auf das Grundgesetz würde zusätzlich daran scheitern, daß sich seither die Voraussetzungen, unter denen ein Gesetzgebungsbefehl verfassungsmäßig erlassen werden kann, erheblich verändert haben. Ein Sprachgebrauch, der den Umfang der Prüfungsbefugnis eindeutig bestimmen würde, besteht also nicht. Entsprechende Behauptungen sind nur Thesen, die — unzulässigerweise — im Wege der Wortauslegung gleichzeitig als Argument verwendet werden.

Als Begriffskern der Ausfertigung liegt heute nur fest, daß durch Unterschrift unter einen authentischen Text eine Originalurkunde geschaffen wird. Eine normative Bedeutung, mit der zwischen den verschiedenen Ausfertigungstheorien zu entscheiden wäre, kommt dem Begriff nicht zu[8].

---

[3] Anders, S. 655; Knöpfle, S. 716; Lindler, S. 24; Sahlmüller, S. 25; Schack. Prüfungszuständigkeit, S. 88; Hallier, S. 399; so schon für die WV Anschütz, S. 367.

[4] So v. Mangoldt/Klein, S. 2032; Klein, ebd., S. 2030 stellt aber selbst dar, daß der Begriff der Ausfertigung in der Rechtssprache mehrdeutig ist; dazu auch Rode, S. 19.

[5] Friesenhahn, Prüfungsrecht, S. 682; Wertenbruch, S. 201; Ladenburger, S. 7.

[6] Laband, S. 42 f.

[7] Gegen Laband sehr pointiert Weyr, S. 356.

[8] So im Ergebnis auch Schack, Rezension Rode, S. 410; Küppers, S. 37; Münch, S. 59.

§ 6: Auslegung des grammatischen Zusammenhangs von Art. 82 Abs. 1 S. 1

I. Die einzelnen Satzbestandteile

Der Satzkern von Art. 82 Abs. 1 S. 1 lautet:

„Die Gesetze werden vom Bundespräsidenten ausgefertigt."

Aus den verwendeten Begriffen und aus deren grammatischer Stellung läßt sich allein der Umfang der Prüfungskompetenz nicht ableiten. Dies könnte aber durch die drei ergänzenden Satzbestandteile möglich sein.

Der letzte Halbsatz begründet allerdings nur die Kompetenz des Bundespräsidenten zur Gesetzesverkündung nach der Ausfertigung. Zur Erklärung des Ausfertigungsbegriffs trägt dieser Satzteil nichts bei. Näher zu untersuchen sind die beiden verbleibenden Satzbestandteile.

II. „nach den Vorschriften dieses Grundgesetzes zustande gekommen"

Dieser Satzteil, der einen inhaltsgleichen Relativsatz ersetzt, erläutert das Subjekt des Satzes, den Begriff „Gesetze". Seine Bedeutung ist aber ebenso umstritten, wie die des Subjekts selbst.

1. Auslegung

An die Stelle des in Art. 70 WRV („Der Reichspräsident hat die verfassungsmäßig zustandegekommenen Gesetze auszufertigen ...") gebrauchten Wortes „verfassungsmäßig" ist im Grundgesetz die umständlichere Formulierung „nach den Vorschriften dieses Grundgesetzes" getreten. Friesenhahn schließt daraus, daß Voraussetzung der Ausfertigung nicht mehr die formelle *und* materielle Verfassungsmäßigkeit sei, sondern nur noch die Beachtung der Vorschriften über die Gesetzgebung, also die formelle Verfassungsmäßigkeit. Der Begriff der „Vorschriften" in Art. 82 Abs. 1 S. 1 soll sich also nur auf die Gesetzgebungsvorschriften des Grundgesetzes beziehen[1].

---

[1] Friesenhahn, Prüfungsrecht, S. 679; erörtert bei Berger, S. 9.

Nach v. Mangoldt und anderen soll sich dagegen „nach den Vorschriften dieses Grundgesetzes“ auf alle Vorschriften des Grundgesetzes beziehen, also auf die formelle und materielle Verfassungsmäßigkeit[2].

Beide Auslegungen sind sprachlich möglich. Sie ergänzen Art. 82 Abs. 1 S. 1 unterschiedlich. Friesenhahn liest:

> „Die nach den Vorschriften dieses Grundgesetzes (über die Gesetzgebung) zustandegekommenen Gesetze“.

v. Mangoldt dagegen:

> „Die nach (allen) Vorschriften dieses Grundgesetzes zustandegekommenen Gesetze“.

a) Zunächst liegt es nahe, die von Art. 70 WV abweichende Formulierung mit der besonderen Wortwahl des Grundgesetzes beim Begriff „Verfassung“ zu erklären. Bei der Formulierung des Grundgesetzes 1948/49 wurde die von ihm geschaffene staatliche Ordnung als vorläufig angesehen. Man erhoffte die Wiedervereinigung in naher Zukunft, wie dies deutlich in der Präambel des Grundgesetzes zum Ausdruck kommt. Diese vorläufige Regelung der staatlichen Ordnung bezeichnete man als Grundgesetz, um die Dauerhaftigkeit implizierende Bezeichnung „Verfassung“ einer gesamtdeutschen Regelung vorzubehalten. Dies kommt in Art. 146 deutlich zum Ausdruck. Bei den Substantiven ist der Sprachgebrauch auch durchgehalten. Das Grundgesetz bezeichnet sich selbst nur als Grundgesetz, nie als Verfassung[3].

Das erklärt scheinbar den veränderten Sprachgebrauch auch in Art. 82 Abs. 1 S. 1 und beraubt Friesenhahns Argumentation ihrer Schlüssigkeit[4]. Aber als Adjektiv werden im Grundgesetz nicht die Bezeichnungen „grundgesetzmäßig“ oder „grundgesetzwidrig“ gebraucht, sondern durchgängig „verfassungsmäßig“ oder „verfassungswidrig“[5]. Die Formulierung „verfassungsmäßig zustande gekommen“ hätte insofern aus Art. 70 WV übernommen werden können. Da die Änderung durch den besonderen Sprachgebrauch beim Begriff der Verfassung nicht zu erklären ist, kann sie eine Bedeutungsänderung enthalten. Damit steht Friesenhahns Auslegung wieder gleichberechtigt neben der v. Mangoldts.

b) Nun bezieht sich „nach den Vorschriften“ auf „zustande gekommen“. Wäre die Auslegung v. Mangoldts richtig, dürften nur formell und materiell fehlerfreie Gesetze „zustande gekommen“ sein.

---

[2] v. Mangoldt, S. 442; v. Mangoldt/Klein, S. 2038; Schack, Prüfungszuständigkeit, S. 92; Dehler, Sten. Prot. 2. BT, S. 601; erörtert bei Berger, S. 8.

[3] z. B. Präambel S. 1; Art. 19 I; Art. 23; Art. 28 I; Art. 29 II; Art. 30; Art. 37.

[4] So argumentieren Wild, S. 55; Schäfer, S. 435; Sahlmüller, S. 26; Albert, S. 20; Ladenburger, S. 8, Anm. 1.

[5] z. B. in Art. 2 I; Art. 20 III; Art. 26; Art. 28.

Der Begriff des Zustandekommens von Gesetzen[6] wird im Grundgesetz zuvor in Art. 78 verwendet. Er enthält eine Legaldefinition dieses Begriffs. Das Zustandekommen bezeichnet danach eine bestimmte Stufe des Gesetzgebungsverfahrens nach dem Beschluß des Bundestages und der Beteiligung des Bundesrates.

Der Bundesrat ist keine zweite Kammer mit völlig gleichberechtigter Beteiligung am Gesetzgebungsverfahren. Das Grundgesetz hat seine Beteiligung im komplizierter Abstufung geregelt. Bei Gesetzgebungsmaterien, die die Interessen der Länder besonders berühren, bedarf es seiner Zustimmung. Im übrigen steht ihm nur der Einspruch zu. Dessen Bedeutung wächst mit der Geschlossenheit des Bundesrates (Einspruch mit einfacher Mehrheit, Einspruch mit 2/3 Mehrheit, Art. 77 Abs. 4). Neben dem Beschluß des Bundestages sind also unterschiedliche Beteiligungsakte des Bundesrates erforderlich. Den Zustand nach Abschluß dieser Beteiligung definiert Art. 78 als „Zustandekommen" und faßt noch einmal die bereits in Art. 77 genannten Voraussetzungen dafür zusammen. Er bezieht sich daher nur auf einzelne formelle Erfordernisse des Gesetzgebungsverfahrens[7] und markiert damit den Abschluß der freien staatlichen Willensbildung[8]. Das „Zustandekommen" nach Art. 78 setzt also, in Übereinstimmung mit dem allgemeinen Sprachgebrauch, nicht die materielle Verfassungsmäßigkeit des Gesetzes voraus.

Zwei weitere Fälle des Zustandekommens regelt Art. 81 Abs. 2. Auch hier sind für das „Zustandekommen" nur formelle Voraussetzungen genannt[9].

Da die Vorschriften eng zusammenhängen, kan unterstellt werden, daß der Begriff in den Artikeln 78, 81 und 82 inhaltsgleich gebraucht wird. „Nach den Vorschriften dieses Grundgesetzes" sind also solche Gesetze zustande gekommen, bei denen die Vorschriften über das Gesetzgebungsverfahren, insbesondere in Art. 77, eingehalten wurden[10]. Mit den „Vorschriften dieses Grundgesetzes" sind daher nicht alle Normen des Grundgesetzes gemeint. Der fragliche Satzteil bezieht sich also entgegen der Auffassung v. Mangoldts nicht auf die materielle Verfassungsmäßigkeit.

c) Diese Auslegung wird auch dem systematischen Aufbau des VII. Grundgesetzabschnitts über „Die Gesetzgebung des Bundes" besser gerecht. Darin regeln zunächst die Artikel 70 bis 75 die Verteilung der

---

[6] Dazu eingehend Otten, S. 144 ff.

[7] So ausführlich v. Mangoldt/Klein, S. 1787 f. m. w. N.

[8] Dazu vor allem Otten, S. 146.

[9] Das gleiche galt für Art. 76 I S. 2 WV, wo ebenfalls nur zwei formelle Voraussetzungen für das Zustandekommen genannt werden.

[10] So auch Rode, S. 50 f.; Stein, S. 95; Müller, Recht, S. 54; Model/Müller, Art. 82, Anm. 2.

Gesetzgebungszuständigkeiten zwischen Bund und Ländern. Art. 76 enthält das sogenannte Einleitungsverfahren, Art. 77 Abs. 1 S. 1 das Kernstück des Verfahrens, den Willensakt der Volksvertretung. Es folgt die Regelung der Beteiligung des Bundesrates in Art. 77 und die Zusammenfassung dieser Regelung in Art. 78. Gesetze mit besonderem Inhalt, Änderungen des Grundgesetzes, behandelt Art. 79. Nach den nicht in den engeren Zusammenhang gehörenden Artikeln 80 und 80 a enthält Art. 81 ein Verfahren für den Gesetzgebungsnotstand, in dem es zusätzlich zu Art. 78 noch zwei weitere Fälle des Zustandekommens von Gesetzen gibt. Alle diese verschiedenen Fälle des Zustandekommens münden in denselben weiteren Verfahrensgang, der deshalb in der den Abschnitt abschließenden Vorschrift des Art. 82 geregelt ist. Dieser Zusammenhang wird genau getroffen, wenn man Art. 82 Abs. 1 S. 1 die oben gewonnene Bedeutung unterlegt:

> „Die nach den (verschiedenen) Vorschriften dieses Grundgesetzes (über das Zustandekommen von Gesetzen) zustande gekommenen Gesetze werden vom Bundespräsidenten ausgefertigt."

Nach dieser Auslegung ist der fragliche Satzteil keine Stütze für die materiellen Ausfertigungstheorien. Er schließt sie aber auch nicht aus, da er den Begriff der Ausfertigung selbst nicht näher erläutert. Dieser kann das Element der materiellen Prüfung enthalten.

2. Mindestumfang der Prüfungskompetenz

Aus dem Satzteil ergibt sich aber ein bestimmter Mindestumfang der vorzunehmenden Prüfung. Der Bundespräsident hat nur „zustande gekommene" Gesetze auszufertigen. Zustande gekommen sind nach Art. 78 nur Gesetze, die der Bundestag beschlossen hat, und bei denen der Bundesrat in der jeweils vorgeschriebenen Weise beteiligt worden ist. Dies muß der Bundespräsident prüfen um festzustellen, ob das auszufertigende Gesetz im Sinne von Art. 78 und damit auch von Art. 82 Abs. 1 S. 1 zustande gekommen ist. Er muß damit prüfen, ob das Gesetzgebungsverfahren als Verfahren über das Zustandekommen von Gesetzen eingehalten wurde.

Dazu könnte ausreichen, daß überhaupt eine der fünf Alternativen von Art. 78 für die Beteiligung des Bundesrates vorliegt. Diese werden scheinbar alternativ genannt. Art. 78 verweist aber lediglich auf Art. 77. Darin sind die Voraussetzungen für die einzelnen Beteiligungsformen des Bundesrates genauer geregelt. Insbesondere regelt Art. 77 Abs. 3 S. 1, daß ein Einspruchsverfahren nur in Betracht kommt, soweit die Zustimmung des Bundesrates zu einem Gesetz nicht erforderlich ist. Damit steht es den beteiligten Organen nicht frei, auf welche Weise sie den Bundesrat beteiligen. Nur wenn die Voraussetzungen für eine bestimmte Beteiligungsform vorliegen, kommt durch deren Einhaltung das Gesetz zustande.

Deshalb umfaßt die Prüfung, ob ein Gesetz zustande gekommen ist, auch die Prüfung, ob für die eingehaltene Beteiligungsform für den Bundesrat die verfassungsmäßigen Voraussetzungen gegeben waren. Da der Bundespräsident nur nach Art. 78 zustandegekommene Gesetze ausfertigen darf, muß er auch diese Prüfung vornehmen.

Damit entfällt die Voraussetzung der beschränkt-formellen Ausfertigungstheorie, nach der der Bundespräsident nur die Zuständigkeit des Bundesgesetzgebers und die Einhaltung eines der verschiedenen Gesetzgebungsverfahren zu prüfen hat, nicht aber, ob auch das richtige Verfahren angewendet wurde. Ladenburger hat ohne nähere Untersuchung behauptet, sprachlich sei mit Art. 82 Abs. 1 S. 1 auch diese beschränkte Prüfung vereinbar[11]. Das trifft nach den obigen Feststellungen nicht zu.

3. Zwischenergebnis

Der Satzteil „nach den Vorschriften des Grundgesetzes zustande gekommen“ erfaßt alle Gesetze, die das Gesetzgebungsverfahren bis zu dem im Grundgesetz definierten Stadium des Zustandekommens fehlerfrei durchlaufen haben. Er besagt nichts über die materielle Verfassungsmäßigkeit dieser Gesetze.

Entsprechend der Auffassung von Friesenhahn bezieht sich der Satzteil nur auf die Vorschriften des Grundgesetzes über das Gesetzgebungsverfahren[12]. Daraus ergibt sich auch der Mindestumfang der Prüfungskompetenz. Er schließt die von Friesenhahn an anderer Stelle[13] ausgeschlossene Prüfung der Zulässigkeit des Gesetzgebungsverfahrens mit ein. Die grammatische Auslegung widerlegt damit die beschränkt-formelle Ausfertigungstheorie.

Dies gilt nicht für die materiellen Theorien. Es ist möglich, daß von den zustande gekommenen Gesetzen nur die auch materiell fehlerfreien auszufertigen sind. Festgestellt ist lediglich, daß sich die Kompetenzen zu dieser umfassenderen Prüfung nicht aus dem Begriff des Zustandekommens ergibt. Sie könnte sich aus anderen Satzteilen von Art. 82 Abs. 1 S. 1 ergeben, oder aus der weiteren Auslegung dieser Vorschrift.

---

[11] Ladenburger, S. 26.

[12] Vgl. Friesenhahn, Prüfungsrecht, S. 682.

[13] Ebenda, S. 683 f.

III. „Nach Gegenzeichnung“

Mit dem zusätzlichen Objekt „nach Gegenzeichnung“ stellt Art. 82 Abs. 1 Satz 1 eine weitere Voraussetzung für die Ausfertigung auf. Die zustande gekommenen Gesetze dürfen erst ausgefertigt werden, nachdem sie gegengezeichnet sind.

1. Die Gegenzeichnung in Art. 82 als Unterfall von Art. 58

Das Institut der Gegenzeichnung ist in Art. 58 geregelt. Allerdings wurde verschiedentlich die These aufgestellt, die Gegenzeichnungskompetenz in Art. 82 sei nicht mit der in Art. 58 geregelten identisch[14]; daher seinen die für die „normale“ Gegenzeichnung des Art. 58 entwickelten Regeln auf die Gegenzeichnung nach Art. 82 nicht anwendbar.

Gegen diese These sprechen gewichtige Argumente. Zunächst wäre es unverständlich, wenn der Verfassungsgeber für zwei verschiedene Rechtsinstitute denselben althergebrachten Begriff gewählt hätte. Auch die Satzstellung von Art. 82 Abs. 1 S. 1 spricht gegen die der These zugrunde liegende Auffassung, anders als nach Art. 58 würden in Art. 82 GG nicht Verfügungen oder Anordnungen des Bundespräsidenten gegengezeichnet, sondern das Gesetz[15]. Dies hätte in Art. 82 Abs. 1 S. 1 sehr viel eindeutiger ausgedrückt werden können, wenn „nach Gegenzeichnung“ unmittelbar auf den Gesetzesbegriff folgen würde. Es würde dann heißen: „Die ... Gesetze werden nach Gegenzeichnung vom Bundespräsidenten ausgefertigt ...“. Die Stellung zwischen den Worten „Bundespräsident“ und „ausgefertigt“ spricht dagegen für eine Beziehung nicht auf einen Akt des Parlaments, das Gesetz, sondern auf einen des Bundespräsidenten, die Ausfertigung[16]. Schließlich wäre die Regelung in Art. 82 unvollständig und unverständlich, wenn diese Gegenzeichnung nicht ein Unterfall von Art. 58 GG ist. Denn dann ist nicht geregelt, wer Inhaber dieser Gegenzeichnungskompetenz ist.

Gegen die These spricht schließlich auch die historische und die genetische Auslegung. In Art. 17 RV war die Ausfertigung und Verkündung der Reichsgesetze durch den Kaiser und die Gegenzeichnungsbedürftigkeit der übrigen Anordnungen und Verfügungen des Kaisers geregelt, also der Inhalt von Art. 58 und Art. 82 GG in einer Vorschrift zusammengefaßt. Bei der Beratung des Grundgesetzes wurde die Gegenzeichnungsklausel aus Art. 82 zunächst gestrichen, weil sich dies Er-

[14] Vor allem Biehl, S. 112; ähnlich Model/Müller, Art. 58, Erl. 3; Pöttgen, S. 88.

[15] So Biehl, S. 111 f.; Model/Müller, Art. 58, Erl. 3.

[16] So auch Nierhaus, S. 64.

fordernis aus Art. 58 ohnehin ergebe. In den endgültigen Text wurde sie, offenbar zur Klarstellung, wieder aufgenommen[17].

Falsch ist dagegen Biehls Argument, auch die Geschäftsordnung der Bundesregierung gehe in § 29 von verschiedenen Gegenzeichnungen aus, wenn sie für die Gesetzesausfertigung die Unterschrift des Bundeskanzlers *und* des zuständigen Ministers fordere, aber nur eine Unterschrift bei anderen Gegenzeichnungen. Das Grundgesetz wird nicht durch die Geschäftsordnungen der obersten Bundesorgane authentisch interpretiert[18]. Außerdem besagt es nichts für die Art der Gegenzeichnung, wenn § 29 regierungsintern die sich aus Art. 58 ergebende Mindestzahl der Gegenzeichner erweitert.

Schließlich ist jedenfalls der in der Ausfertigung enthaltene Verkündungsbefehl eine Anordnung i. S. von Art. 58[19], und daher gegenzeichnungsbedürftig.

Die Gegenzeichnung in Art. 82 ist ein Unterfall der Gegenzeichnung nach Art. 58[20].

2. Die Gegenzeichnung im Staatsrecht der Bundesrepublik Deutschland

a) Sowohl der Begriff „Gegenzeichnung" als auch die Satzstellung in Art. 58 S. 1 deuten darauf hin, daß zunächst der Bundespräsident eine Anordnung oder Verfügung erläßt, die dann von einem Regierungsmitglied gegengezeichnet wird. Diese Form der genehmigenden Entwurfsmitzeichnung ist in Behörden und Privatunternehmen üblich[21].

Nach § 29 der Geschäftsordnung der Bundesregierung wird dagegen der gegenzeichnungsbedürftige Präsidialakt zunächst gegengezeichnet und erst danach dem Bundespräsidenten zur Unterschrift vorgelegt[22].

---

[17] Abg. Wirmer, 14. Sitzung des Org. Ausschusses vom 14. 10. 1948, Sten. Prot. des Org. Ausschusses, S. 34, Doemming u. a., JÖR NF 1, S. 614 f.; Anders, S. 656; Nierhaus, S. 63.

[18] Darauf weist Biehl, S. 112 selbst hin, benutzt dann aber § 29 GO BuReg gleichwohl als einziges Argument für seine Auslegung. § 29 GO Bureg lautet:

„(1) Gesetze sind dem Bundespräsidenten erst nach Gegenzeichnung durch den Bundeskanzler und den zuständigen Bundesminister zur Vollziehung vorzulegen. Berührt der Inhalt des Gesetzes den Geschäftsbereich mehrerer Bundesminister, so zeichnen diese in der Regel auch die Ausfertigung.

(2) Verfügungen und Anordnungen sind dem Bundespräsidenten erst nach der Gegenzeichnung durch den zuständigen Bundesminister zur Vollziehung vorzulegen. Absatz 1 Satz 2 gilt entsprechend."

[19] Wild, S. 17.

[20] So auch Lechner/Hülshoff, S. 346; v. Mangoldt/Klein, S. 1112; Maunz/Dürig, Art. 58, Rdnr. 2; Heydt, S. 203; Nierhaus, S. 62 f. m. w. N.

[21] Vgl. Müller, Gesetzgebungstechnik, S. 215.

[22] Vgl. Biehl, S. 160; Müller, Gesetzgebungstechnik, S. 215; v. Mangoldt/Klein, S. 1122.

Das geschieht auch bei der Ausfertigung der Gesetze[23]. Dieses Verfahren hat eine lange staatsrechtliche Tradition[24]. Und Art. 82 Abs. 1 S. 1 zeigt, daß auch der Grundgesetzgeber von dieser Reihenfolge ausging. Sie soll, um einerseits das Ansehen des Bundespräsidenten zu schützen und andererseits den Gegenzeichner nicht unter Druck zu setzen, verhindern, daß der Bundespräsident Präsidialakte vollzieht, die wegen nichterfolgender Gegenzeichnung nach Art. 58 S. 1 ungültig sind.

Trotz Umkehrung in der Reihenfolge ist aber der jeweilige Präsidialakt der Sache nach primär. Die Gegenzeichnung ist ein dazu akzessorisches Rechtsinstitut.

b) Die Gegenzeichnung ist eines der Rechtsinstitute des deutschen Staatsrechts, deren Zweck und Bedeutung sich durch die säkulare Entwicklung von der Monarchie zum demokratisch-parlamentarischen Staat am stärksten verändert hat.

In der konstitutionellen Monarchie war die Gegenzeichnung von zentraler Bedeutung[25]. Auf ihr beruhte der Einfluß des Parlaments auf die Regierungsgeschäfte. Die Gesetzgebung stand dem Monarchen und den „Ständen“ bzw. dem Parlament gemeinsam zu[26]. Dagegen war die Ausübung der Regierungsgewalt durch ein von ihm bestelltes und von ihm jederzeit abberufbares Ministerium autonome Befugnis des Monarchen[27]. Dieser selbst war weder gewählt, noch konnte ihn das Parlament für seine Hoheitsakte in irgendeiner Form zur Rechenschaft ziehen. Auf die Regierungsakte des Monarchen hatte das Parlament nur dadurch Einfluß, daß sie zu ihrer Gültigkeit der Gegenzeichnung eines Ministers bedurften, der Monarch also nicht ohne die Zustimmung eines Ministers handeln konnte. Der Minister war aber vom Parlament politisch abhängig, weil er ohne dessen Zustimmung zu Gesetzen, insbesondere zum Haushaltsgesetz, faktisch nicht regieren konnte. Nach manchen Verfassungen war der Minister für die von ihm gegengezeichneten Regierungsakte auch rechtlich durch das Institut der Ministeranklage verantwortlich[28].

[23] Dazu v. Mangoldt/Klein, S. 2034; Lindler, S. 72.

[24] In der Weimarer Republik geregelt in § 14 der Geschäftsordnung der Reichsregierung vom 3. 5. 1924. Dazu auch Anschütz, Art. 70, Anm. 2, S. 368; Anders, S. 654; Nierhaus, S. 34; Rode, S. 100.

[25] Vgl. dazu die ausführlichen rechtshistorischen Darstellungen bei Biehl, S. 31 ff. und Nierhaus, S. 5 ff.

[26] Vgl. Art. 62 der preußischen Verfassungsurkunde vom 31. 1. 1850; nach der Reichsverfassung von 1871 stand dem Kaiser schon kein Anteil an der Gesetzgebung mehr zu, er hatte also kein sachliches Vetorecht, Art. 5 und 17 RV: vgl. auch Laband, S. 42.

[27] Dazu Hartung, Verfassungsgeschichte, S. 256 f.

[28] Dazu Nierhaus, S. 12, Anm. 63 mit zahlreichen Nachweisen.

Deshalb kam der Frage, ob ein Minister bereit war, durch Gegenzeichnung eines monarchischen Regierungsaktes die Verantwortung vor Öffentlichkeit und Parlament dafür zu übernehmen, zentrale politische Bedeutung zu[29].

Nach der Übergangsform der Weimarer Republik[30] wurde mit dem Grundgesetz das parlamentarische Regierungssystem eingeführt, in dem die Regierung allein vom Vertrauen des Palaments abhängt (Art. 67) und in dem der Einfluß des Staatsoberhauptes auf die Regierungsbildung auf Vorschlagsrechte (Art. 63 Abs. 1) und Ausnahmefälle (Art. 63 Abs. 4 S. 3) beschränkt ist. Gleichzeitig sind aber dem Staatsoberhaupt die meisten Befugnisse zum Erlaß von Regierungsakten genommen[31]; der Bundespräsident ist damit weitgehend aus dem Bereich der Regierung eliminiert[32].

Von seinen verbliebenen Kompetenzen sind nach Art. 58 S. 2 und nach herrschender Meinung[33] darüber hinaus gerade die politisch gewichtigen von der Gegenzeichnungspflicht ausgenommen[34].

Dadurch hat die Gegenzeichnung ihre zentrale Bedeutung verloren, was ebenso für die in ihr liegende Übernahme politischer Verantwortung durch den Gegenzeichner gilt[35]. Ihr Zweck wird jetzt vor allem in der Koordination der Ausübung der dem Bundespräsidenten verbliebenen Kompetenzen mit den Grundsätzen der Regierungspolitik gesehen[36], die der Präsident nicht bestimmt (Art. 65). Noch weiter geht Nierhaus, der die Gegenzeichnung nur noch als Anknüpfungspunkt für eine durch

---

[29] Als „Angelpunkt des Verfassungsrechts" der konstitutionellen Monarchie bezeichnet daher die Gegenzeichnung Jaeger, S. 175; weitere Nachweise für ihre zentrale Bedeutung bei v. Mangoldt/Klein, S. 1108 und bei Nierhaus, S. 10; vgl. dazu auch die Österreichische Bürgerkunde, S. I S. 364.

[30] Vgl. dazu Biehl, S. 47; Nierhaus, S. 18 ff.

[31] Zu diesem Wandel vgl. Anders; S. 656; Friesenhahn, Prüfungsrecht, S. 687; Hall, S. 306; Menzel, Ermessensfreiheit, S. 584; Schack, Prüfungszuständigkeit, S. 93; Nierhaus, S. 41; Scheuner, Amt, S. 32; Arndt, Prüfungsrecht, S. 605; Böckenförde, S. 132—137.

[32] So Maurer, S. 670.

[33] v. Mangoldt/Klein, S. 1115; Nawiasky, Grundgedanken, S. 94; Servatius, S. 58; Biehl, S. 91; Nierhaus, S. 164; Maunz/Dürig, Art. 58, Rdnr. 7/8; Menzel, BK Art. 58, Erl. II 4 b Abs. 1.

[34] Neben den Fällen von Art. 58 S. 2 zählen dazu der Vorschlag für die Kanzlerwahl (Art. 63 Abs. 1 GG), das Einberufungsverlangen für den Bundestag (Art. 39 Abs. 3 S. 3 GG), der Antrag im Organstreitverfahren (Art. 93 Abs. 1 Nr. 1 GG) und die Ausübung der Delegationsbefugnis (Art. 60 Abs. 3 GG). Streitig ist dies für die Erklärung des Gesetzgebungsnotstandes (Art. 81 Abs. 1 GG), dazu v. Mangoldt/Klein, S. 1115 f. m. w. N.

[35] In der Übernahme politischer Verantwortung sehen noch den Hauptzweck der Gegenzeichnung Servatius, S. 27; Arndt, S. 605; Sahlmüller, S. 31.

[36] Die Koordinationsfunktion betonen v. Mangoldt/Klein, S. 1109; Menzel, BK, Art. 58, Erl. II 2.

den Präsidialakt ausgeübte Kontrollkompetenz des Bundespräsidenten gegenüber der Entscheidung des Gegenzeichners ansieht[37].

Gemeinsam ist allen Funktionsbestimmungen, daß sie der Gegenzeichnung im Verhältnis zum Präsidialakt nur eine dienende Funktion einräumen. Die Gegenzeichnung ist akzessorisch, der Umfang der in ihr enthaltenen Kompetenzen hängt von dem gegengezeichneten Präsidialakt ab.

c) Die politische Bedeutung der Ausfertigungskompetenz des Bundespräsidenten liegt, wie erwähnt, vor allem in der Befugnis, die Ausfertigung in bestimmten Fällen zu unterlassen. Ob und in welcher Weise solche Unterlassungen des Bundespräsidenten gegenzeichnungspflichtig sind, ist umstritten[38]. Hier wirkt sich besonders der Wandel in der politischen Bedeutung der Gegenzeichnung aus. Solange in ihr der Einfluß des Ministeriums auf die Regierungsgeschäfte verkörpert war, war es auch wichtig, auf politisch bedeutsame Unterlassungen Einfluß zu nehmen.

Heute steht bei den Präsidialakten der Gedanke der Verantwortungsübernahme durch die gegenzeichnende Regierung jedenfalls im Hintergrund. Die parlamentarische Regierung ist nicht mehr das Geschöpf des Staatsoberhauptes und nicht für dessen Unterlassungen verantwortlich. Daher ist es falsch, daß die von einer parlamentarischen Mehrheit getragene Bundesregierung dem Bundespräsidenten mit Rücktritt drohen müsse, um ihn zur Vornahme eines bestimmten Präsidialaktes zu veranlassen[39]. Tatsächlich ist in den Fällen der vom Bundespräsidenten unterlassenen Gesetzesausfertigung nie erwogen worden, daß die Bundesregierung dem Bundespräsidenten mit Rücktritt drohen müsse. Dies gilt um so mehr, soweit die gegenzeichnungspflichtigen Präsidialakte verfassungsprozessual einklagbar sind.

Bei Unterlassung von Präsidialakten bedarf der Bundespräsident keiner Gegenzeichnung, d. h. keiner Genehmigung seiner Unterlassung, durch die Bundesregierung.

d) Die Gegenzeichnung ist ein zum gegengezeichneten Präsidialakt akzessorisches Rechtsinstitut. Sie soll heute vor allem die Einheitlichkeit, die Konkordanz der Handlungen von Bundespräsident und Regierung sicherstellen. Die Begründung einer politischen Verantwortung der Regierung steht im Hintergrund.

---

[37] Nierhaus, S. 84 ff.; ähnlich Biehl, S. 119; Herzog, S. 129.

[38] Vgl. Nierhaus, S. 146 f., Anm. 157 und 158 mit zahlreichen Nachweisen; auch Biehl, S. 84; v. Mangoldt/Klein, S. 1112 f.

[39] So aber Kastner, S. 74; Servatius, S. 44; Maunz/Dürig, Art. 58 Rdnr. 2. Konsequenter wäre heute die Forderung nach einem Rücktritt des Bundespräsidenten in diesem Fall, vgl. dazu Biehl, S. 86 und Nierhaus, S. 151, Anm. 176.

3. Die Bedeutung der Gegenzeichnung bei der Ausfertigungskompetenz

a) Für den in Art. 82 Abs. 1 S. 1 enthaltenen Gegenzeichnungsfall ergibt sich folgendes Bild: Obgleich die Gegenzeichnung vor der Ausfertigung erfolgt, ist sie nicht selbständiger Bestandteil des Gesetzgebungsverfahrens, wie etwa die Beteiligung des Bundesrates oder die der Regierung nach Art. 76 Abs. 1 und Abs. 3. Die Gegenzeichnung ist unmittelbar nur Bestandteil der Ausfertigung, und im Hinblick auf das Gesetzgebungsverfahren dieser akzessorisch. Insofern werden Bundesregierung und Bundespräsident zutreffend als „Ausfertigungsorgane" zusammengefaßt[40].

Wegen der Akzessorietät haben weder die Untersuchungen zum Institut der Gegenzeichnung noch die zur Ausfertigungskompetenz besondere Voraussetzungen für die Gegenzeichnung nach Art. 82 Abs. 2 S. 1 herausgearbeitet. Sie verweisen durchweg auf die Voraussetzungen der Ausfertigung selbst[41].

Besondere Voraussetzungen bestehen auch nicht. Umfang und Voraussetzungen der Gegenzeichnungskompetenz folgen aus Umfang und Voraussetzungen des gegengezeichneten Präsidialakts, der Ausfertigung, nicht umgekehrt. Daher steht auch dem Gegenzeichner hinsichtlich der Verfassungsmäßigkeit des auszufertigenden Gesetzes eine Prüfungskompetenz zu. Da sie akzessorisch ist, geht sie in ihrem Umfang nicht über die Prüfungskompetenz des Bundespräsidenten hinaus. Andererseits bleibt sie auch nicht hinter ihr zurück. Zwar gibt es Fälle, in denen die Rechtsentscheidung eines Staatsorgans von einem anderen Organ nur teilweise überprüft wird[42]. Bei der Gegenzeichnung der Ausfertigung würde aber eine teilweise Überprüfung den Zweck der Gegenzeichnung verfehlen. Es würde nicht sichergestellt, daß Regierung und Bundespräsident in der verfassungsrechtlichen Beurteilung des auszufertigenden Gesetzes übereinstimmen. Daher muß bei der Gesetzesausfertigung die Prüfungskompetenz des Gegenzeichners den gleichen Umfang haben wie die des Ausfertigers selbst. Abzulehnen ist daher die Ansicht Laforets[43], der Regierung komme eine formelle und materielle Prüfungskompetenz, dem Bundespräsidenten aber nur eine formelle zu. Sie beruht auf der falschen Voraussetzung, die Regierung

---

[40] Rauschning, S. 150 ff.; Nierhaus, S. 64, Anm. 125.

[41] Nierhaus, S. 65; Anders, S. 658; Kastner, S. 32 und S. 134; U. M., S. 102; Biehl, S. 117; Lindler, S. 78; Knöpfle, S. 716; Guntermann, S. 70; Rode, S. 93; Schäfer, S. 435; Rauschning, S. 150 ff.; Dagtoglou, S. 61.

[42] So bei der Revision im gerichtlichen Verfahren (§§ 549 ff. ZPO), bei der Verfassungsbeschwerde gegen Urteile (Art. 93 Abs. 1 Nr. 4 a GG), bei Klauselerteilung für Vollstreckungstitel aus anderen EG-Staaten (vgl. OLG München, MDR 75, S. 146).

[43] Laforet, S. 54.

zeichne unmittelbar das Gesetz gegen. Ebenso abzulehnen ist die Ansich Herrfahrdts[44], wonach die Prüfung durch die Regierung den Bundespräsidenten von seiner Prüfungspflicht entlaste. Dadurch wird die durch die Gegenzeichnung angestrebte Konkordanz nicht sichergestellt. Der Präsident kann sich nur der Prüfungsentscheidung der Regierung anschließen oder sie verwerfen.

b) Damit geht der Ausfertigung eine doppelte, inhaltsgleiche Rechtmäßigkeitsprüfung durch beide Ausfertigungsorgane, Bundespräsident und Regierung, voraus. Aus diesem Grundsatz lassen sich die Rechtsfolgen ableiten, wenn die Ausfertigungsorgane zu einem unterschiedlichen Prüfungsergebnis kommen.

Da der Bundespräsident zur Unterlassung der Ausfertigung nicht die Genehmigung der Bundesregierung durch Gegenzeichnung braucht, ergeben sich keine Probleme, wenn die Bundesregierung gegenzeichnet, der Bundespräsident aber aus Rechtsgründen die Ausfertigung verweigert. Die Bundesregierung ist dafür weder politisch noch rechtlich verantwortlich. Sofern sie die Entscheidung des Bundespräsidenten für falsch hält, kann sie, wie andere beteiligte Staatsorgane, deren Überprüfung im Wege des Organstreits betreiben.

Ebenso eindeutig ist die Lage, wenn die Bundesregierung die Gegenzeichnung aus Rechtsgründen verweigert. Die Ausfertigung allein durch den Bundespräsidenten wäre nach Art. 58 ungültig[45]. Der Bundespräsident könnte allenfalls im Organstreit auf die Vornahme der Gegenzeichnung klagen.

Abzulehnen ist die noch im konstitutionellen Denken wurzelnde Ansicht, der Bundespräsident müsse in diesem Fall versuchen, „einen Wechsel in der Zusammensetzung des Kabinetts eintreten zu lassen"[46]. Dies geht auf den einzigen Fall zurück, in dem die Gegenzeichnung einer Ausfertigung verweigert wurde. 1953 legte Justizminister Dehler ein Straffreiheitsgesetz, die sogenannte Platow-Amnestie, dem Bundespräsidenten nicht zur Ausfertigung vor, weil er den Bundesgesetzgeber für unzuständig hielt[47]. Rücktritt wäre lediglich eine Lösungsmöglich-

---

[44] In: BK, Art. 82 Anm. II 1.

[45] Anders nur Heydt, Gegenzeichnung, S. 202, der aber vor allem de constitutione ferenda argumentiert, wie hier v. Mangoldt/Klein, S. 2035; Schmidt-Bleibtreu/Klein, S. 397.

[46] Maunz, in: Maunz/Dürig, Art. 82 Rdnr. 3; ebenso v. Mangoldt/Klein, S. 2035.

[47] Damit knüpfte Dehler bewußt an die Praxis der Weimarer Zeit an, wo mehrfach ein Gesetz, das die Regierung für rechtswidrig hielt, von ihr gar nicht erst an den Reichspräsidenten weitergeleitet wurde. Vgl. Dehler, Sten. Prot. 2. BT, S. 604; dazu auch Ladenburger, S. 44; Nierhaus, S. 66; Berger, S. 4/5; Friesenhahn, Prüfungsrecht, S. 692, Anm. 26; Rauschning, S. 157.

keit im parlamentarischen Regierungssystem. Weigert sich die Regierung, die Ausfertigung gegenzuzeichnen, so kann die Parlamentsmehrheit eine andere, zur Gegenzeichnung bereite Regierung ins Amt bringen. Will der Regierungschef dies vermeiden, so könnte er notfalls unter Verstoß gegen § 29 der Geschäftsordnung der Bundesregierung allein gegenzeichnen, oder nach Art. 64 GG den widerspenstigen Minister entlassen, um so die übrige Regierung im Amt zu halten.

Das bedeutet nicht, daß auch der Bundespräsident befugt wäre, auf eine solche Lösung zu drängen. Er kann nur, wie auch andere Beteiligte des Gesetzgebungsverfahrens, eine rechtswidrige Verweigerung der Gegenzeichnung im Organstreitverfahren angreifen. Darauf hat Dehler nach seinem Rücktritt selbst hingewiesen[48].

Das Grundgesetz hält für den Fall nicht konkordanter Prüfungsentscheidungen der beiden Ausfertigungsorgane ausreichende Möglichkeiten der Konfliktlösung bereit. Eine gegenseitige politische Verantwortung für die Prüfungsentscheidungen besteht nicht.

4. Zusammenfassung

Die Gegenzeichnungskompetenz ist, obwohl sie der Ausfertigung vorangeht, in ihrem Umfang von der Ausfertigungskompetenz abhängig. Der Satzteil „nach Gegenzeichnung" in Art. 82 Abs. 1 S. 1 vermag daher für die Auslegung des Ausfertigungsbegriffs nichts beizutragen.

IV. Ergebnis der Auslegung des grammatischen Zusammenhangs

Aus dem grammatischen Zusammenhang von Art. 82 Abs. 1 S. 1 ergibt sich der Mindestumfang der Prüfungskompetenz des Bundespräsidenten bei der Ausfertigung der Gesetze. Er darf nur „zustande gekommene" Gesetze ausfertigen. Das sind nur solche, die ein in vollem Umfang formell verfassungsmäßiges Gesetzgebungsverfahren durchlaufen haben.

Weitere Hinweise auf den positiven Umfang der Prüfungskompetenz ergeben sich aus dem grammatischen Zusammenhang von Art. 82 Abs. 1 S. 1 nicht.

---

[48] Dehler, Sten. Prot. 2. BT, S. 604 ff.; ebenso Lechner/Hülshoff, S. 346; v. Mangoldt/Klein, S. 2035.

§ 7: Historische Auslegung

I. Genetische Auslegung

Bei unklarem Gesetzeswortlaut läßt sich häufig durch Heranziehung der Gesetzesmaterialien oder der Entstehungsgeschichte der Wille des historischen Normgebers erschließen. In den Verhandlungen des Parlamentarischen Rates ist über den Umfang der Ausfertigungskompetenz nicht gesprochen worden[1]. Aus den Materialien ergibt sich daher nicht, welchen Umfang der Prüfungskompetenz der historische Verfassungsgeber von 1949 wollte[2].

II. Historische Auslegung

Häufig ergibt sich aber durch Vergleich der fraglichen Norm mit ihren histroischen Vorläufern und aus der Art der Änderungen, was der Normgeber über den Inhalt der Norm dachte.

1. Der Wegfall der Ausfertigungsfrist

Art. 70 WV enthielt im Gegensatz zu Art. 82 eine einmonatige Frist für die Ausfertigung. Aus dem Wegfall der Frist schließt man zum Teil, dem Bundespräsidenten solle mehr Entscheidungsfreiheit eingeräumt werden. Deshalb stehe ihm die Ausfertigungskompetenz mindestens im gleichen Umfang zu, wie dem Reichspräsidenten, also mit materieller Prüfungskompetenz[3].

Die Frist für die Ausübung einer Kompetenz besagt aber nichts über deren Umfang. Außerdem ergeben die Materialien, daß man die Frist im Parlamentarischen Rat ausdrücklich deshalb gestrichen hat, weil man den Bundespräsidenten ohnehin für verpflichtet hielt unverzüglich auszufertigen[4]. Der Wegfall der Monatsfrist besagt daher nichts über den Umfang der Prüfungskompetenz bei der Ausfertigung.

---

[1] Doemming, JöR NF 1, S. 614, wonach nur über die Aufnahme einer Frist für die Ausfertigung in Art. 82 gesprochen wurde.

[2] Ebenso Rode, S. 49.

[3] Kniesch, S. 1327; Hamann/Lenz, Art. 82 Anm. 4; ähnlich Herrfahrdt, BK, Art. 82 II 1.

[4] Vgl. bei Doemming, JöR NF 1, S. 614; auch Lindler, S. 75 f.

2. Die Übernahme der Regelung von Art. 70 WV

Bis auf die Monatsfrist und die bereits erörterte Verwendung des Wortes „verfassungsmäßig“ entspricht Art. 82 Abs. 1 S. 1 dem Art. 70 WV. Daraus folgern verschiedene Autoren den Willen des Verfassungsgebers, dem Bundespräsidenten die Ausfertigungskompetenz im gleichen Umfang zuzuweisen wie dem Reichspräsidenten, dem nach h. M. auch die materielle Prüfungskompetenz zugestanden habe[5].

Nun ist das Grundgesetz in ständiger Auseinandersetzung mit Inhalt und Text der Weimarer Verfassung formuliert worden. Die Fragestellung gewollter Gegensätze einerseits oder die unveränderte Übernahme andererseits gilt daher als eines der wichtigsten Auslegungsmittel[6]. Dies rechtfertigt in gewisser Weise den genannten Schluß. Er ist jedoch nur zwingend, wenn sich nachweisen läßt, daß der Verfassungsgeber über den Wortlaut in Kenntnis der strittigen Auslegung entschieden hat. Bei den Beratungen zu Art. 82 GG ist aber im Parlamentarischen Rat das Problem der Prüfungskompetenz nicht erwähnt worden. Eine ausdrückliche Entscheidung des Verfassungsgebers in der hier streitigen Frage läßt sich daher nicht nachweisen.

Auch die Annahme, der Verfassungsgeber habe sich stillschweigend die vorherrschende Auslegung von Art. 70 WV zu eigen gemacht, ist nicht zwingend. Durch die wesentlich veränderte Stellung des Staatsoberhauptes kann sich die Bedeutung einzelner Kompetenzen und Rechtsinstitute erheblich verschoben haben. Deshalb darf der mutmaßliche Wille des Verfassungsgebers nicht allein aus der Übernahme bestimmter Formulierungen, sondern nur aus der Gesamtheit der damit zusammenhängenden systematischen Veränderungen erschlossen werden[7].

3. Der Kompetenzverlust des Bundespräsidenten

Eine solche Verbindung zwischen der veränderten Stellung des Staatsoberhauptes und der Entstehungsgeschichte von Art. 82 versucht Friesenhahn[8]: Der Bundespräsident habe viele wichtige Kompetenzen verloren. Deshalb seien die verbliebenen Kompetenzen einschränkend auszulegen, auch die Prüfungskompetenz bei der Gesetzesausfertigung.

---

[5] So Anders, S. 653; Küppers, S. 112; v. Mangoldt/Klein, S. 2039; Schäfer. S. 435; Sahlmüller, S. 26 f.

[6] W. Jellinek, Kabinettsfrage, S. 5.

[7] Aus diesem Grund halten auch v. Mangoldt/Klein, S. 2039 und Anders, S. 655 die Übernahme der Formulierung aus Art. 70 WV für allein nicht aussagekräftig; ebenso Friesenhahn, Prüfungsrecht, S. 687; Wertenbruch, S. 202; Müller, Recht, S. 54.

[8] Friesenhahn, Prüfungsrecht, S. 687 f.

Durch Änderung des Kompetenzbestandes eines Staatsorgans ändert sich aber nicht unbedingt der Umfang der verschiedenen Einzelkompetenzen[9]. Deshalb ist Friesenhahns Folgerung unschlüssig. Keinesfalls besteht eine direkte Proportionalität zwischen den Gesamtkompetenzen eines Staatsorgans und dem Umfang seiner Einzelkompetenzen.

4. Zusammenfassung

Die kommentarlose Übernahme der Formulierungen des Art. 70 WV in den Art. 82 Abs. 1[10] ist wegen der engen Verwandtschaft beider Verfassungen ein Indiz dafür, daß auch die herrschende Auslegung der übernommenen Vorschrift rezipiert werden sollte. Da der Verfassungsgeber von 1949 aber die Freiheit zu abweichender Regelung hatte, und diese sich auch konkludent aus veränderten systematischen Bezügen der Gesetzesausfertigung ergeben kann, bedarf dieses Indiz der Bestätigung durch die systematische Auslegung.

---

[9] So auch Anders, S. 656; Heyde, S. 799, wonach aus Statusverlust nichts für Einzelkompetenzen folgt; auch Model/Müller, Art. 82, Anm. 2; Rauschning, S. 152; Schack, Rezension Rode, S. 410.

[10] Vgl. die Darstellungen zur Geschichte der Ausfertigung von Gesetzen bei Rode, S. 39 ff.; Wild, S. 13—31; Ladenburger, S. 33—48.

§ 8: Systematische Auslegung

Erster Abschnitt

Argumente aus dem logischen Zusammenhang

I. Die angebliche Untrennbarkeit von formeller und materieller Prüfung

1. Meinungsstand

Als wesentliches Argument für die materielle Prüfungskompetenz wird immer wieder die logische Untrennbarkeit von formeller und materieller Prüfung genannt. Die formelle Prüfung soll zwingend die materielle voraussetzen, so daß der Bundespräsident nur beide Befugnisse gemeinsam haben könne. Das Argument wird von allen Befürwortern der materiellen Theorien angeführt[1] und nur vereinzelt skeptisch bewertet[2].

a) Dem liegt folgender Gedankengang zugrunde:

— Ein Gesetz ist materiell fehlerhaft, wenn sein Inhalt mit der Verfassung nicht übereinstimmt.

— Abweichungen von der Verfassung sind zulässig durch Verfassungsänderung. Sie setzt die Einhaltung besonderer Formen voraus.

— Werden diese Formen eingehalten, so ist ein Gesetz trotz Abweichung vom Verfassungsinhalt nicht fehlerhaft. Sind die Formen nicht eingehalten, so ist das Gesetz stets zugleich formell und materiell fehlerhaft.

— Wer prüft, ob die Vorschriften über das Gesetzgebungsverfahren beachtet werden, muß vorher die materielle Verfassungsmäßigkeit des Gesetzes prüfen. Nur dadurch kann er feststellen, ob die besondere Form der Verfassungsänderung erforderlich war.

---

[1] Albert, S. 25; Arndt, Prüfungsrecht, S. 605; Biehl, S. 113; Hall, S. 306; Hallier, S. 399; Held, S. 64; v. Mangoldt/Klein, S. 2042; Kaltefleiter, S. 262; Maunz/Dürig/Herzog, Art. 82 Rdnr. 2; Ipsen, S. 490; Kratzer, S. 282; Küppers, S. 17; Lindler, S. 40; Nierhaus, S. 95 ff.; Rauschning, S. 151; Schack, Prüfungszuständigkeit, S. 90; Schäfer, S. 435; Wild, S. 58 f.; Hartung, S. 35; Partsch, VVDStRL 25, S. 232: Böckenförde, ebd.

[2] Für „reichlich konstruktionell" hält es Anders, S. 605.

— Auch um festzustellen, ob ein Einspuchs- oder ein Zustimmungsgesetz vorliegt, muß der Inhalt des Gesetzes geprüft werden[3].

Die meisten Verfechter der nur formellen Prüfungskompetenz übergehen diese Argumentation stillschweigend[4] oder erklären sie für weniger gewichtig als andere Argumente[5]. Ladenburger, der sich intensiv damit auseinandersetzt, will die Argumentation nicht widerlegen, sondern umgehen[6].

b) Direkt gegen das Untrennbarkeitsargument hat sich Rode mit folgendem Gedankengang gewandt[7]:

— Art. 79 Abs. 1 S. 1 verbietet eine Verfassungsänderung ohne Verfassungstextänderung.

— Ein Gesetz, dessen Inhalt nicht mit der Verfassung übereinstimmt, wird also nicht dadurch fehlerfrei, daß es von Bundestag und Bundesrat mit verfassungsändernder Mehrheit beschlossen wird.

— Zunächst muß durch ein besonderes Gesetz der Verfassungstext geändert werden, damit er mit dem Inhalt des neuen Gesetzes vereinbar ist. Dann wird das neue Gesetz beschlossen, ohne daß dafür noch einmal verfassungsändernde Mehrheiten erforderlich sind.

— Ein materiell verfassungswidriges Gesetz wird weder durch qualifizierte Form noch durch qualifizierte Mehrheit rechtmäßig, sondern nur durch vorherige Änderung des Verfassungstextes in einem anderen Gesetz. Festgestellte materielle Verfassungswidrigkeit hat daher nicht das Formerfordernis des Art. 79 Abs. 1 zur Folge, und bietet daher auch keinen Anlaß zu der Prüfung, ob dies Erfordernis eingehalten wurde. Vielmehr ist das materiell verfassungswidrige Gesetz, gleichgültig in welcher Form und mit welchen Mehrheiten es beschlossen wurde, nichtig[8].

— Die Art des einzuhaltenden Gesetzgebungsverfahrens ist daher nicht von der materiellen Verfassungsmäßigkeit des Gesetzes abhängig.

Rodes überzeugender Gedankengang ist in der Literatur zwar diskutiert, aber überwiegend nicht verstanden und daher abgelehnt worden[9].

---

[3] So z. B. Küppers, S. 17.

[4] So Karstens, S. 103 f.; Müller, Recht, S. 54; Model/Müller, Art. 82, Anm. 2; begrifflich halten eine Trennung für möglich Heyde, S. 798; teilweise auch Berger, S. 9.

[5] Wertenbruch, S. 203 f.

[6] Dazu entwickelt er die beschränkt-formelle Ausfertigungstheorie; vgl. Ladenburger, S. 11 mit S. 27; ähnlich andeutungsweise Friesenhahn, Prüfungsrecht, S. 683 ff.

[7] Rode, S. 51—59; der Gedankengang ist auch andeutungsweise bei Friesenhahn, Prüfungsrecht, S. 683—685 vorhanden.

[8] Vgl. dazu Papier, S. 27 f.

[9] Die Diskussion beginnt mit der Rezension durch Schack, DVBl. 69, S. 410; das Unverständnis ist besonders deutlich bei Rauschning, S. 150—164 und bei

Das Verständnis wird dadurch erschwert, daß die Behandlung von Verfassungsverstößen in Gesetzen mit der Einführung von Art. 79 Abs. 1 S. 1 eine Änderung erfahren hat, deren Tragweite von vielen Autoren nicht erkannt worden ist.

Daher ist es erforderlich, die verfassungssystematischen Voraussetzungen der Trennbarkeit von formeller und materieller Verfassungswidrigkeit genauer abzuleiten.

2. Der Zusammenhang des Untrennbarkeitsargumentes mit dem Institut der Verfassungsdurchbrechung

Soweit ersichtlich, ist das Argument von der Untrennbarkeit der formellen und materiellen Prüfung des Gesetzesausfertigers zuerst von Frormann verwendet worden[10]. Er stellte für die Beteiligung des Kaisers an der Reichsgesetzgebung nach der Reichsverfassung von 1871 fest, der Kaiser müsse die Vereinbarkeit des Inhalts eines auszufertigenden Gesetzes mit der Verfassung prüfen, um feststellen zu können, welche Form für die Verabschiedung des Gesetzes erforderlich sei. Denn bei Nichtvereinbarkeit des Gesetzesinhalts mit der Verfassung sei die Form der Verfassungsänderung erforderlich. Diese Argumentation beruhte auf dem Institut de Verfassungsdurchbrechung, die im Kaiserreich und noch unter der Weimarer Verfassung als zulässig galt.

Als verfassungsdurchbrechend[11] bezeichnete man ein Gesetz, das „formell den Wortlaut der Verfassungsurkunde unverändert läßt, materiell aber eine Abänderung des Inhaltes bewirkt“[12]. Es war gültig, wenn es unter Einhaltung von Art. 78 RV beschlossen wurde, also mit weniger als 14 Gegenstimmen im Bundesrat. Insoweit wendete man auch auf das Verfassungsgesetz den Grundsatz an: „lex posterior derogat legi priori“[13]. Ein einfaches Gesetz konnte also, für einen Einzelfall oder generell, eine der Verfassung widersprechende Regelung enthalten,

---

Nierhaus, S. 91—104. Beide verkennen, daß die Verfassungstextänderung in einem besonderen Gesetz vor Erlaß des zu prüfenden Gesetzes vorgenommen werden muß. Sie gehen daher stets von einem Gesetz aus, vgl. Rauschning, S. 151 f. und Nierhaus, S. 97—99.

[10] Frormann, S. 59.

[11] Vgl. dazu Ehmcke, S. 386, Anm. 4.

[12] Laband, S. 38; dr Konfliktfall war erheblich seltener als heute, da die RV wegen des fehlenden Grundrechtsteils einen beschränkten Regelungsbereich hatte. Inhaltliche Kollisionen mit der Verfassung kamen vor allem bei Verwaltungsorgansations- und Kompetenzregelungen vor, vgl. dazu Hartung, Verfassungsgeschichte, S. 277. Die Prüfung der materiellen Verfassungsmäßigkeit hat daher auch politisch geringes Gewicht. So nennt Laband, S. 43 als Beispiele für mögliche Gesetzesfehler nur formelle Fehler; dazu auch Rode, S. 40 f.

[13] Ausdrücklich Laband, S. 40.

ohne daß der Verfassungstext geändert wurde[14]. Die Verfassungsdurchbrechung fand bis 1918 mehrfach Anwendung, um die Kompetenzverteilung zwischen Reich und Einzelstaaten zu verändern oder neue Reichsbehörden zu schaffen[15].

Bei Zulässigkeit der Verfassungsdurchbrechung ist Frormanns Argumentation folgerichtig. Mit Einhaltung der in Art. 78 Abs. 1 RV vorgeschriebenen Mehrheiten war ein Gesetz mit jedem Inhalt zulässig. Daher konnte nicht der Inhalt eines Gesetzes schlechthin verfassungswidrig sein[16], sondern allenfalls die Mehrheit von Art. 78 Abs. 1 fehlen. Da sie im Falle einer — zulässigen — Verfassungsdurchbrechung aber jedenfalls eingehalten werden mußte, hatte der Gesetzesausfertiger bei jedem Gesetz zu prüfen, ob es materiell die Verfassung durchbrach, also materiell verfassungswidrig war. Denn dann war die Bundesratsmehrheit des Art. 78 Abs. 1 RV erforderlich. Danach war in der Tat die formelle Prüfung (Erforderlichkeit und Vorliegen der Bundesratsmehrheit nach Art. 78 Abs. 1 RV) von der materiellen Prüfung (Vorliegen eines verfassungsdurchbrechenden Gesetzes) logisch abhängig. Wenn dem Kaiser die Prüfung der Gesetze auf formelle Verfassungsmäßigkeit zustand, mußte ihm danach auch die materielle Prüfungskompetenz zustehen. Die Schlüssigkeit dieser Argumentation beruhte aber auf der Zulässigkeit verfassungsdurchbrechender Gesetze.

3. Die Rechtslage nach dem Grundgesetz

Zur Zeit der Weimarer Verfassung ließ die herrschende Meinung in der Staatsrechtslehre verfassungsdurchbrechende Gesetze ohne Verfassungstextänderung weiterhin zu, wenn diese Gesetze mit verfassungsändernden Mehrheiten beschlossen wurden[17]. In der Praxis wurden mehrfach verfassungsdurchbrechende Gesetze erlassen[18]. Damit blieb die Argumentation Frormanns weiterhin schlüssig[19].

[14] Dies war allerdings schon im Kaiserreich strittig. Ein Teil der Literatur, Nachweise bei Laband, S. 39 Anm. 1, forderte, daß zunächst in der Form des Art. 78 I der Text der Verfassung zu ändern und dann das nunmehr verfassungskonforme Gesetz zu erlassen sei. Laband, S. 39 f. und die wohl herrschende Ansicht hielten das zwar für politisch wünschenswert, aber nicht für rechtlich erforderlich.

[15] Dazu Laband, S. 40 f.; Hartung, Verfassungsgeschichte, S. 276.

[16] Frormann, S. 59.

[17] Eine ausführliche Darstellung des Meinungsstandes in der Weimarer Zeit bietet Ehmke, S. 388—392; vgl. auch Anschütz, S. 401 f.; Apelt, S. 246—248; Koellreuther, S. 95—97; Maunz/Dürig, Art. 79, Rn. 1; Leibholz, Strukturprobleme, S. 185 ff.

[18] Vgl. Hartung, Verfassungsgeschichte, S. 326: zum Teil wurde auch die nationalsozialistische Gesetzgebung als exzessive Verfassungsdurchbrechung dargestellt, vgl. bei Lobe, S. 197. Nach richtiger Auffassung war aber die Weimarer Verfassung nach 1933 außer Kraft gesetzt, so schon Huber, Verfassungsrecht, S. 46—52.

Mit dem Erlaß des Grundgesetzes setzte sich die Lehre vom Vorrang der Verfassung endgültig durch (vgl. Art. 1 Abs. 3 und Art. 20 Abs. 3). Dies hat zur Folge, daß bei Kollision zwischen dem Verfassungsinhalt und dem Inhalt eines einfachen Gesetzes nicht die durch eine Formvorschrift, etwa Art. 79 Abs. 2, modifizierte lex-posterior-Regel anwendbar ist. Da eine Kollision ungleichrangiger Normen vorliegt, ist stets die niederrangigere Norm, das einfache Gesetz, materiell rechtswidrig. Daran kann keine besondere Form des Gesetzgebungsverfahrens, keine qualifizierte Mehrheit, etwas ändern.

Dieser Ausschluß der Verfassungsdurchbrechung wäre ohne besondere Regelung schon die Folge konsequenter Anwendung des Grundsatzes vom Vorrang der Verfassung. Darüber hinaus hat Art. 79 Abs. 1 S. 1 eine Grundgesetzänderung ohne Grundgesetzestextänderung ausdrücklich verboten. Es ist in der staatsrechtlichen Literatur unstreitig, daß es gerade die Intention dieser Verfassungsbestimmung ist, die Verfassungsdurchbrechung zu verhindern[20]. Dies wird auch von Autoren nicht bestritten, die sich bei der Auslegung von Art. 82 Abs. 1 S. 1 auf die Untrennbarkeit von formeller und materieller Prüfung berufen[21].

Damit steht außer Frage, daß nun beim Erlaß von materiell dem Grundgesetz widersprechenden Gesetzen so zu verfahren ist, wie es schon Laband für politisch wünschenswert aber rechtlich nicht geboten hielt[22]. Zunächst muß der Text des Grundgesetzes durch ein verfassungstextänderndes Gesetz so geändert werden, daß ein Widerspruch zwischen der Verfassung und dem geplanten Gesetz nicht mehr besteht. Für dies Gesetz stellt Art. 79 Abs. 2 besondere Erfordernisse, insbesondere qualifizierte Mehrheiten, auf. Danach kann das geplante Gesetz als einfaches Gesetz beschlossen werden[23].

---

[19] Anschütz, S. 367, verwendet dies als Hauptargument für eine materielle Prüfungskompetenz des Reichspräsidenten bei der Gesetzesausfertigung. Grau, S. 311, der sich gegen die materielle Prüfungskompetenz ausspricht, vermag es nicht zu widerlegen und weicht daher auf eine politische Bewertung aus.

[20] Vgl. dazu v. Mangoldt/Klein, S. 1865; Maunz/Dürig, Art. 79 Rdnr. 4 und 5; Ehmke, S. 393; Doemming, JöR NF 1, S. 573 f. — Ehmke, S. 393 ff. unterscheidet zwischen formeller Verfassungsdurchbrechung im Wege einfacher Gesetzgebung mit verfassungsändernden Mehrheiten (die jedenfalles durch Art. 79 I S. 1 ausgschlossen ist) und materieller Verfassungsdurchbrechung als Durchbrechung einer Verfassungsnorm durch eine andere Verfassungsnorm für Sonderfälle. Deren Zulässigkeit kann hier unerörtert bleiben.

Nierhaus, S. 99 irrt, wenn er Art. 79 I als Verbot verfassungsdurchbrechender Gesetze für überflüssig hält. Die nicht so eindeutigen Formulierungen von Art. 78 RV und Art. 76 WV sind überwiegend als Gestattungen der Verfassungsdurchbrechung interpretiert worden.

[21] Vgl. dazu Ladenburger, S. 11, Anm. 2, der zwar zugibt, daß das GG kein Verfahren für die Verfassungsdurchbrechung mehr enthält, aber dennoch an der Untrennbarkeit festhält.

[22] Vgl. Laband, S. 39.

Durch den Wegfall des Instituts der Verfassungsdurchbrechung ist dem Untrennbarkeitsargument der Anknüpfungspunkt entzogen. Daher ist es falsch, das Argument unverändert zu wiederholen[24].

Diejenigen Autoren, die sich mit Rode auseinandersetzen, machen den offenkundigen Fehler, nur von einem einzigen Gesetz auszugehen. Dafür soll Art. 79 Abs. 1 S. 1 eine besondere Form vorschreiben, bei deren Nichteinhaltung „eine inhaltliche Verfassungswidrigkeit... notwendig in eine formelle Verfassungswidrigkeit" umschlägt[25]. Tatsächlich kann die inhaltliche Verfassungswidrigkeit eines zur Ausfertigung vorgelegten Gesetzes durch keine besondere Verfahrensart und durch keine Mehrheiten beseitigt werden, sondern nur durch eine vorherige Verfassungsänderung in einem anderen Gesetz. Die Feststellung der materiellen Verfassungswidrigkeit eines auszufertigenden Gesetzes zwingt daher den Bundespräsidenten nicht, nun zu prüfen, ob das Gesetz gleichwohl rechtmäßig ist, weil es in einem besonderen Verfahren mit besonderen Mehrheiten beschlossen wurde. Umgekehrt bedarf es zur Prüfung, ob das Verfahren für verfassungsändernde Gesetze erforderlich ist, nicht der Feststellung der Verfassungswidrigkeit des Gesetzes. Die besonderen Voraussetzungen von Art. 79 Abs. 2 müssen nur vorliegen, wenn das Gesetz den Verfassungstext ändert. Ob es das tut, ergibt sich unmittelbar aus dem Gesetzestext, ohne daß dazu die Prüfung der materiellen Verfassungsmäßigkeit erforderlich ist.

4. Der Prüfungsumfang bei Prüfung der Zustimmungsbedürftigkeit eines Gesetzes

Ergänzend zu dem Argument von der Untrennbarkeit formeller und materieller Prüfung wird häufig behauptet, ohne materielle Prüfung könne die Zustimmungsbedürftigkeit eines Gesetzes nicht festgestellt werden[26]. Das beruht auf der Verkennung des Begriffs der formellen Prüfung. Dieser wird von manchen Autoren dahin mißverstanden, als ob dabei dem Bundespräsidenten jedes Eingehen auf den Gesetzestext verboten sei[27].

---

[23] Daß zwei Gesetze erforderlich sind, ist im Schrifttum zu Art. 79 völlig anerkannt, ebenso, nach anfänglicher Unsicherheit in der Praxis, daß die Textänderung des GG zeitlich vor dem neuen Gesetz in Kraft treten muß. Vgl. dazu v. Mangoldt/Klein, S. 1875 f. m. w. N.; Müller, Gesetzgebungstechnik, S. 276 f.; Rauschning, S. 90—95; BVerfGE 15, S. 147.

[24] Zuletzt ausdrücklich 1973 Nierhaus, S. 95.

[25] Nierhaus, S. 99; die Bezugnahme auf nur ein Gesetz ist im Sprachgebrauch deutlich erkennbar bei Nierhaus, S. 95—99 und bei Rauschning, S. 151.

[26] Biehl, S. 115; Sahlmüller, S. 36; Wild, S. 56; Ladenburger, S. 28, der deshalb dem Bundespräsidenten die Prüfung der Zustimmungsbedürftigkeit abspricht.

[27] So Sahlmüller, S. 36.

Der Inhalt — genauer der Regelungsgegenstand — eines Gesetzes ist zugleich Tatbestandsmerkmal der Rechtsnormen über die Gesetzgebung (Zuständigkeit, Mehrheiten, spezielle Verfahrensweisen). Insoweit ist die Feststellung des Inhaltes eines zur Ausfertigung vorgelegten Gesetzes Sachverhaltsfeststellung. Der Umfang dieser Sachverhaltsfeststellung ist ohne weiteres zu trennen von der Prüfung der materiellen Verfassungsmäßigkeit des Gesetzes, also dem Vergleich dieses Inhaltes mit dem Inhalt der Verfassung.

Um die Zustimmungsbedürftigkeit eines Gesetzes zu prüfen, muß danach nur festgestellt werden, ob ein bestimmter Sachverhalt, der Regelungsgegenstand des konkreten Gesetzestextes, dem Tatbestandsmerkmal einer Verfassungsnorm über die Zustimmungsbedürftigkeit von Gesetzen entspricht. Solche Verfassungsnormen sind außerhalb des VII. Grundgesetzabschnittes, vor allem im VIII. und X. Abschnitt verstreut. Diese Prüfung hat mit der materiellen Verfassungsmäßigkeit so wenig zu tun, wie im Zivilrecht die Prüfung der Formbedürftigkeit eines Vertrages mit der Prüfung, ob sein Inhalt mit § 134 und § 138 BGB vereinbar ist.

Die Prüfung, ob das auszufertigende Gesetz zustimmungsbedürftig ist, erfordert daher zwar ein Eingehen auf dessen Regelungsgegenstand, aber nicht auf die materielle Verfassungsmäßigkeit dieser Regelungen.

Dasselbe gilt für die Prüfung der Zuständigkeit des Gesetzgebers.

5. Der Prüfungsumfang bei der Ausfertigung verfassungstextändernder Gesetze

Das Problem der materiellen Prüfungskompetenz des Bundespräsidenten stellt sich auch bei Gesetzen, die gemäß Art. 79 Abs. 1 S. 1 den Verfassungstext ändern oder ergänzen. Nach dem Grundgesetz ist nicht nur der einfache Gesetzgeber durch Art. 1 Abs. 3, Art. 20 Abs. 3 und Art. 79 Abs. 1 S. 1 an den materiellen Inhalt der Verfassung gebunden. Durch Art. 19 Abs. 2 und Art. 79 Abs. 3 ist sogar die materielle Entscheidungsfreiheit des Verfassungsgesetzgebers beschränkt, und ein inhaltlicher Rahmen für Verfassungsänderungen und -ergänzungen gesetzt[28].

Auch ein verfassungsänderndes Gesetz, für das nach Art. 78 RV und Art. 76 WRV nur die Einhaltung eines bestimmten Verfahrens, nicht aber die Einhaltung inhaltlicher Schranken vorgeschrieben war, kann daher bei Verstoß gegen Art. 19 Abs. 2 oder Art. 79 Abs. 3 materiell verfassungswidrig sein. Ob diese Prüfung dem Bundespräsidenten bei

---

[28] So v. Mangoldt/Klein, S. 1880 m. w. N. über den Streit wegen der Zulässigkeit solcher materiellen Bindung des Verfassungsgesetzgebers. Kritisch zu deren fehlender Flexibilität Krüger, S. 292 f.

der Ausfertigung eines verfassungstextändernden Gesetzes zusteht, stellt unsere Grundfrage auf anderer Ebene. Dies sollte bei der Auslegung nicht übersehen werden.

6. Zwischenergebnis

Die auf Frormann zurückgehende These, man könne logisch die Prüfung der formellen und materiellen Verfassungsmäßigkeit eines Gesetzes nicht trennen, ist heute falsch. Ihre Voraussetzung, die Zulässigkeit von Verfassungsdurchbrechungen, ist, wenn nicht schon durch Art. 1 Abs. 3 und Art. 20 Abs. 3, so jedenfalls durch Art. 79 Abs. 1 S. 1 entfallen. Logisch ist es möglich, die formelle und materielle Verfassungsmäßigkeit eines Gesetzes zu trennen und getrennt zu prüfen.

Auch die Frage, ob die Voraussetzungen von Art. 79 Abs. 2 vorliegen müssen, bemißt sich nicht mehr nach der materiellen Verfassungsmäßigkeit des Gesetzes, sondern nur danach, ob sein Regelungsgegenstand eine Verfassungstextänderung ist.

Damit ist logisch die Beschränkung der Prüfungskompetenz des Bundespräsidenten auf die formelle Prüfung möglich. Ob sie auf die materielle Prüfung erstreckt werden soll, muß sich danach aus anderen Umständen ergeben.

II. Die Unfähigkeit des Bundespräsidenten zur materiellen Prüfung

Gegen die materielle Prüfungskompetenz des Bundespräsidenten wird gelegentlich eingewendet, er sei nicht in der Lage, eine so schwierige Rechtsfrage wie die materielle Verfassungsmäßigkeit eines Gesetzes zu entscheiden[29]. Dies muß man wohl als Argument aus der Natur der Sache ansehen.

Das Argument verkennt den Begriff des staatlichen Amtes. Dessen Kompetenzen bestimmten sich nach seinen Aufgaben, nicht nach der Person des Amtsinhabers[30]. Daher kann es für die Frage, welche Kompetenzen dem Bundespräsidenten zustehen, nicht darauf ankommen, ob die bisherigen Amtsinhaber Volljuristen waren oder ob das Bundespräsidialamt personalmäßig für die Prüfung der materiellen Verfassungsmäßigkeit von Gesetzen ausgestattet ist.

---

[29] So Friesenhahn, Prüfungsrecht, S. 690; Friesenhahn, VVDStRL 25, S. 229 f.; Rode, S. 87 f.; Karstens, S. 104 Stein, S. 87 f.; auch v. Mangoldt/Klein, S. 2042, und Arndt, Prüfungsrecht, S. 606 erwägen diese Argumentation ernsthaft.

[30] Krüger, S. 260 und S. 258: „Nicht die Person bestimmt das Amt, sondern das Amt die Person".

Auch die Übertragung der letztverbindlichen Entscheidung über die materielle Verfassungsmäßigkeit eines Gesetzes an ein Gremium von Verfassungsrichtern bedeutet nicht etwa, daß andere Staatsorgane zur sachgerechten Prüfung dieser Frage außerstande wären. Nach Art. 100 Abs. 1 ist jeder Richter, in Anwendung von Art. 20 Abs. 3 jeder normanwendende Beamte zur Überprüfung auch der materiellen Verfassungsmäßigkeit jedes von ihm angewendeten Gesetzes verpflichtet. Unser Verfassungsrecht wäre gefährlich bürgerfern, wenn zur Prüfung der materiellen Verfassungsmäßigkeit der Bundespräsident, mit Unterstützung des Bundespräsidialamtes und des Regierungsapparates, nicht in der Lage wäre.

Daher ist diese Argumentation unbrauchbar[31].

III. Die Ausfertigung teilnichtiger Gesetze

Das Problem der Trennbarkeit formeller und materieller Prüfung beherrscht seit 25 Jahen die Diskussion über den Umfang der Ausfertigungskompetenz. Daneben blieb ein anderes Problem von großer praktischer Bedeutung fast unbeachtet, nämlich die Frage nach dem Umfang der Ausfertigungskompetenz bei teilweise nichtigen Gesetzen[32].

1. Die Problematik des teilnichtigen Gesetzes

a) Nach der Reichsverfassung von 1871 gab es für die Beseitigung einmal verkündeter Gesetzesnormen nur ein zulässiges Verfahren: die Aufhebung oder Änderung durch das Parlament im Wege erneuter Gesetzgebung[33]. Andere Möglichkeiten, insbesondere die Verwerfung verfassungswidriger Gesetzesnormen durch Gerichte, gab es nicht[34]. Die Nichtigkeit einer verfassungswidrigen Gesetzesnorm konnte also nur durch den Kaiser bei der Ausfertigung der Reichsgesetze geltend gemacht werden. Dieser hat nie die Ausfertigung eines Gesetzes verweigert. Mit dem Problem des nichtigen Gesetzes entfiel daher auch das

[31] So auch Wild, S. 61; Rauschning, S. 162 f.; Sahlmüller, S. 43 f.; Nierhaus, S. 104, Anm. 340.

[32] Die Problematik ist erst in den letzten Jahren überhaupt gesehen worden, bei Friesenhahn, VVDStRL 25, S. 229 f.; Berger, S. 11; Nierhaus, S. 103 f.; Heyde, S. 800; Wild, S. 62; Biehl, S. 114. Über die bloße Erwähnung hinaus hat nur Rauschning, S. 161 ausdrücklich die Verwerfungskompetenz des Bundespräsidenten bei teilnichtigen Gesetzen abgelehnt. Überhaupt ist die Problematik des teilnichtigen Gesetzes weniger von der Literatur als von der Rechtsprechung behandelt worden, vgl. Skouris, S. 66.

[33] So ausdrücklich Laband, S. 68; vgl. auch Hartung, Normenkontrolle, S. 12.

[34] Laband, S. 44 f.

Problem der Teilnichtigkeit, jedenfalls, soweit es die Reichsgesetze angeht.

Mit den Diskussionen um die Ausdehnung der Normenkontrolle unter der Weimarer Verfassung gewann das Problem der Nichtigkeit von Gesetzesnormen an Bedeutung[35].

Erheblich gewachsen ist die Bedeutung des Nichtigkeitsproblems nach Erlaß des Grundgesetzes. Dieses bindet in Art. 1 Abs. 3 und Art. 20 Abs. 3 GG ausdrücklich auch den Gesetzgeber an die Grundrechte und an die verfassungsmäßige Ordnung. Verstöße des Gesetzgebers gegen das Grundgesetz sind nichtig. Dem Bundesverfassungsgericht ist ausdrücklich die Kompetenz zur Feststellung solcher Nichtigkeit zugewiesen. Es kann in drei verschiedenen Verfahrensarten die Nichtigkeit von Bundesgesetzen durch eine Entscheidung mit Gesetzeskraft feststellen, vgl. § 31 Abs. 2 BVerfGG.

Ein formelles Gesetz kann eine Vielzahl verschiedener Rechtsnormen enthalten. Gegen das Grundgesetz können daher sowohl ein Gesetz als Ganzes, aber auch nur einzelne Vorschriften, einzelne Sätze, Satzteile und sogar nur einzelne Worte verstoßen[36].

Eine ausdrückliche Regelung, wie bei Verfassungsverstoß nur eines Gesetzesteils die Verwerfungsentscheidung des Bundesverfassungsgerichts zu fällen ist, gibt es nicht. Art. 93 Abs. 1 Nr. 2 spricht von „Bundesrecht“, stellt also auf die einzelne Norm, und nicht auf ein formelles Gesetz ab. Dagegen spricht Art. 100 Abs. 1 ausdrücklich vom „Gesetz“, woraus man auf eine einheitliche Entscheidung über ein formelles Gesetz schließen könnte. Andererseits deutet § 31 Abs. 2 S. 3 BVerfGG wieder auf die Möglichkeit einer Teilentscheidung hin („Soweit ein Gesetz ... für nichtig erklärt wird“).

Das Bundesverfassungsgericht hat sich in ständiger Rechtsprechung für die Möglichkeit der partiellen Nichtigerklärung von formellen Gesetzen entschieden[37]. Diese Grundentscheidung ist in der Literatur ge-

---

[35] Begrenzte Normenkontrollmöglichkeiten ergaben sich aus Art. 13 Abs. 2 und aus Art. 19 WRV. Mit der Reichstagsdrucksache III/2855 wurde 1926 ein Entwurf für ein Gesetz über die Prüfung der Verfassungsmäßigkeit von Reichsgesetzen und Reichsverordnungen vorgelegt. Vgl. dazu Grau, S. 287 ff.; Anders, S. 655; Hartung, Normenkontrolle, S. 13 ff. m. w. N. Während die Rechtsprechung von einer richterlichen Normenkontrollbefugnis ausging, vgl. RGZ 111, S. 320 ff., lehnte ein Teil der Lehre sie vehement ab, vgl. Schmitt, Hüter, S. 45; dagegen z. B. Bettermann, Normenkontrolle, S. 37.

[36] Vgl. Skouris, S. 30.

[37] BVerfGE 2, 307 (336) und 380 (406); 4,115 (138) und 387 (397 f); 5,25 (34); 8,71 (79) und 274 (301); 9,83 (87), 250 (254 f.) und 305 (333); 15,1 (25); 20,150 (161) und 238 (256 f.); 21,117 (125); 22,134 (152); 26, 246 (258). Für den Verwaltungsakt und das richterliche Urteil ist die Möglichkeit der teilweisen Verwerfung ausdrücklich gesetzlich geregelt, so in § 113 Abs. 1 S. 1 VwGO und in § 564 Abs. 1 ZPO.

billigt worden[38]. Gesetze bleiben also bei Nichtigkeit einzelner Normen unter bestimmten Voraussetzungen im übrigen wirksam.

b) In der Verfassungsentwicklung der letzten 25 Jahre hat die Teilnichtigkeit von Gesetzen eine erheblich größere Bedeutung erlangt als die Gesamtnichtigkeit. Aus der Anlage I zu dieser Arbeit ergibt sich, daß das Bundesverfassungsgericht bis 1974 in insgesamt 117 Fällen nachkonstitutionelle bundesgesetzliche Normen für nichtig erklärt hat. Dabei entschied es in 8 Fällen (= 7 %) auf Gesamtnichtigkeit des Gesetzes, in 109 Fällen (= 93 %) dagegen auf Teilnichtigkeit. Bei den Verwerfungsentscheidungen des Bundesverfassungsgerichtes ist daher Teilnichtigkeit eines Gesetzes die Regel, Gesamtnichtigkeit die Ausnahme.

Rechtsprechung und Lehre haben inzwischen zahlreiche Kriterien für die Abgrenzung von Teilnichtigkeit und Gesamtnichtigkeit entwickelt[39]. Grundvoraussetzung für die bloße Teilnichtigkeit ist danach die Teilbarkeit des Gesetzes, bei der der verbleibende Gesetzesteil noch ein vernünftiges Ganzes bilden muß.

2. Die möglichen Ausfertigungsentscheidungen des Bundespräsidenten bei teilnichtigen Gesetzen

Bei dieser Bedeutung der Teilnichtigkeit ist es schwer verständlich, daß die Diskussion um die Ausfertigungskompetenz nicht nur stets vom Ausnahmefall der Gesamtnichtigkeit ausgeht, sondern auch den Regelfall der Teilnichtigkeit kaum behandelt[40]. Da nach der herrschenden materiellen Ausfertigungslehre der Bundespräsident bei der Ausfertigung die Verfassungsmäßigkeitsprüfung des Bundesverfassungsgerichts in vollem Umfang vorwegnimmt[41], mußte sich die Problematik der Teilnichtigkeit eigentlich aufdrängen.

---

[38] Dazu im einzelnen Skouris, S. 66—73.

[39] Dabei ist zwischen einer subjektiven und einer objektiven Theorie zu unterscheiden; vgl. Maunz/Dürig, Art. 93, Rdnr. 42. Das BVerfG folgt der objektiven Theorie: BVerfGE 8, 274 (301); 9, 217 (218); auch Maunz/Dürig, Art. 93, Rdnr. 43; für die subjektive Theorie Skouris, S. 87 f.

[40] Nur das im Ganzen nichtige Gesetz behandeln z. B. v. Mangoldt/Klein, S. 2037 ff. und Rode, S. 59 ff.; von ihm geht aus z. B. Nierhaus, S. 92 ff.; wo das teilnichtige Gesetz erwähnt wird, dient es meist als Argument für die formelle Ausfertigungstheorie, vgl. Friesenhahn, VVDStRL 25, S. 229 f. und Nierhaus, S. 103 f.; das ist unzutreffend, da es auch Teilnichtigkeit aus formellen Gründen gibt, vgl. BVerfGE 22, 180; 23, 62, 26, 281; 26, 338; 31, 314; vgl. auch Kirn, S. 52 zu § 28 BWaffG v. 1973.

Andererseits berührt die Literatur zur Teilnichtigkeit von Gesetzen das Problem der Ausfertigung solcher Gesetze nie, sondern geht stets von dem Problem der richterlichen Verwerfung aus.

[41] Davon gehen aus z. B. Eschenburg, S. 648; Küppers, S. 121; Scheuner, Probleme, S. 298; Lindler, S. 59; auch Thieme, VVDStRL 25, S. 219.

Daher soll nachfolgend untersucht werden, wie der Bundespräsident sich verhalten muß, wenn seine Prüfung ergibt, daß ein zur Ausfertigung anstehendes Gesetz eine nichtige Norm enthält, nach deren Ausscheidung ein wirksamer Gesetzesrest verbleibt.

a) Der Bundespräsident fällt bei der Ausfertigung keinen richterlichen Spruch, den er durch entsprechende Formulierung des Entscheidungstenors auf einen Teil des auszufertigenden Gesetzes beschränken kann. Er unterzeichnet lediglich einen fremden Text, den er weder ergänzen noch vermindern noch verändern darf[42]. Schon deswegen ist dem Bundespräsidenten die Teilmißbilligung eines Gesetzes, der Regelfall in den Verwerfungsentscheidungen des Bundesverfassungsgerichts, verwehrt[43]. Denn das Gesetz wird während des Gesetzgebungsverfahrens, also auch bei der Ausfertigung, als Einheit behandelt[44].

b) Vor der Verkündung ist das Gesetzgebungsverfahren nicht abgeschlossen. Daher könnte der Bundespräsident befugt sein, ein teilnichtiges Gesetz erneut dem Parlament zur Beseitigung der Teilnichtigkeit vorzulegen.

Dies wäre aber in mehrfacher Hinsicht systemwidrig. Die Einflußmöglichkeiten des Reichspräsidenten auf die Sachentscheidung des Parlaments bei der Ausfertigung sind im Grundgesetz abgeschafft[45]. Auch das Recht des Bundespräsidenten zur Einberufung des Bundestages nach Art. 39 Abs. 3 GG berechtigt ihn nicht, dem Bundestag ein bestimmtes Beratungsthema aufzuzwingen[46]. Die erneute Beratung ist auch für das Parlament ausgeschlossen. Das Grundgesetz hat in Art. 78 mit dem „Zustandekommen" den Abschluß des Willensbildungsprozesses geregelt[47]. Könnte der Bundespräsident ein Gesetz in den Bundestag zurückverweisen, so wären die detaillierten Bestimmungen über den Ablauf der Beratung und Beschlußfassung in Art. 77 GG entwertet.

c) Bei diesen Prämissen bleiben für die Ausfertigungsentscheidung des Bundespräsidenten bei teilnichtigen Gesetzen nur zwei Alternativen: Er kann entweder das Gesetz insgesamt, mit dem verfassungswidrigen und daher nichtigen Teil ausfertigen, oder er kann das Gesetz

---

[42] Soweit über die bloße Berichtigung offenbarer Schreibfehler überhaupt noch eine Textänderung zulässig ist, ist sie ausschließlich dem Parlament vorbehalten, vgl. Kirn, S. 52.

[43] Ebenso Friesenhahn, Prüfungsrecht, S. 691; ders., VVDStRL 25, S. 230; Nierhaus, S. 103; Rauschning, S. 161; Berger, S. 11.

[44] Vgl. dazu auch BVerfGE 37, S. 363 m. w. N.

[45] Nach Art. 73 Abs. 1 WRV konnte der Reichspräsident über ein Gesetz einen Volksentscheid veranlassen. Eine erneute Beratung im Reichstag konnte er allerdings nicht erzwingen.

[46] v. Mangoldt/Klein, S. 906.

[47] Dazu ausführlich Otten, S. 66 f., S. 69, S. 56—63.

insgesamt, also einschließlich des verfassungskonformen Gesetzesteils verwerfen. Eine ausdrückliche Regelung findet sich im Grundgesetz nicht. Sie ist selbst für das Bundesverfassungsgericht nicht durch den Verfassungsgeber erfolgt, sondern durch Richterspruch[48].

Da dieser einzige vergleichbare Fall einer Verwerfungskompetenz gegenüber Gesetzen für den Bundespräsidenten nicht gangbar ist, muß über seine Befugnis durch Abwägung zwischen den beiden Alternativen entschieden werden[49].

3. Die Gesamtablehnung des teilnichtigen Gesetzes

a) Es ist der offenkundige Vorteil der Gesamtablehnung eines teilnichtigen Gesetzes durch den Bundespräsidenten, daß lückenlos die Ausfertigung von als verfassungswidrig beurteilten Gesetzesnormen verhindert wird. Deshalb könnten für diese Lösung einige Argumente sprechen, aus denen in der Literatur gefolgert wird, daß der Bundespräsident ohne Ausnahme verpflichtet ist, die Ausfertigung verfassungswidriger Gesetzesnormen zu verweigern.

aa) So soll der Bundespräsident zu dieser Weigerung verpflichtet sein, weil er sich sonst der Präsidentenanklage nach Art. 61 aussetze[50]. Das ist ein Zirkelschluß. Fraglich ist gerade, welches Verhalten des Bundespräsidenten bei der Ausfertigung pflichtgemäß ist. Art. 61 regelt nur die Rechtsfolgen pflichtwidrigen Verhaltens, besagt aber nicht, welches Verhalten pflichtwidrig ist[51].

bb) Ähnlich wird mit der Eidesformel des Bundespräsidenten in Art. 56 argumentiert. Da er sich darin verpflichte, „das Grundgesetz ... (zu) wahren und (zu) verteidigen", dürfe er keine verfassungswidrigen Normen ausfertigen[52]. Art. 56 enthält einen promissorischen Eid, mit dem der Schwörende eine bestimmte Art der Amtsführung verspricht. Dies berechtigt ihn jedoch nicht, die Amtsführung mit jedem geeigneten Mittel anzustreben. Vielmehr darf der Inhaber eines Staatsamtes seine Ziele nur dem Rahmen der diesem Amt verliehenen Kompetenzen ver-

48 Skouris, S. 30.

49 Zur Methodik vgl. Stein, S. 276; Skouris, S. 86 f.

50 Hamann/Lenz, Art. 82 Anm. 4; Küppers, S. 94; v. Mangoldt/Klein, S. 2040; Sahlmüller, S. 31; Schäfer, S. 436; Spanner, S. 624; auch Arndt, Prüfungsrecht, S. 605, der darüber hinaus noch feststellt, die Gegenzeichnung durch die Regierung könne den Bundespräsidenten für das Verfahren nach Art. 61 nicht entlasten.

51 So auch Friesenhahn, Prüfungsrecht, S. 686; Heyde, S. 798; Nierhaus, S. 94.

52 So Albert, S. 25; Arndt, Prüfungsrecht, S. 605; Becker, Sten. Prot. 1. BT, S. 7158; Anders, S. 656; Küppers, S. 93 f.; Lindler, S. 43; U. M., S. 101; v. Mangoldt/Klein, S. 2040; Nawiasky, S. 113; Sahlmüller, S. 31.

folgen[53]. Auch der Bundespräsident darf das Grundgesetz nur im Rahmen seiner Kompetenzen wahren und verteidigen. Diese sind nicht in Art. 56 geregelt. Und es wäre eine gefährliche Aufweichung der verfassungsmäßigen Kompetenzverteilung, wollte man in den Amtseiden der obersten Staatsorgane Generalklauseln für deren Zuständigkeiten sehen[54].

Der Eid in Art. 56 besagt daher nichts für den Umfang der Kompetenz aus Art. 82 Abs. 1 S. 1. Der Amtseid gibt lediglich an, in welchem Geist die anderweitig begründeten Kompetenzen vom Bundespräsidenten auszuüben sind[55].

cc) Schließlich soll die Pflicht zur Verwerfung verfassungswidriger Normen direkt aus dem in Art. 20 Abs. 3 GG verankerten Rechtsstaatsprinzip abzuleiten sein[56]. Alle „Verfassungsorgane“[57] sollen in besonderem Maße an die verfassungsmäßige Ordnung gebunden sein. Sie sind daher für die Verfassungsmäßigkeit jedes Staatsaktes verantwortlich, an dem sie beteiligt sind. Halten sie ihn für verfassungswidrig, so müssen sie ihre Mitwirkung verweigern. Diese „Kompetenz zur Verfassungsbeachtung“ soll zentraler Bestandteil der Rechtsstellung eines Verfassungsorgans sein[58]. Auch der Bundespräsident soll daher bei der Ausfertigung die Kompetenz zur Verfassungsbeachtung haben.

Zwar ist Art. 20 Abs. 3 eine Grundnorm unseres Verfassungsrechts. Aber sein Regelungsbereich ist nicht unbegrenzt. Art. 20 Abs. 3 ordnet das Verhältnisses des Staates zu seinen Bürgern, besagt aber nichts über die innerstaatliche Kompetenzverteilung. Aus der Vorschrift läßt sich daher nicht folgern, welches der beteiligten Organe bei mehrstufigen Staatsakten zur Nichtteilnahme aus Rechtsgründen befugt ist. Dies zeigt sich auch im Gesetzgebungsverfahren. Hier sind Bundesregierung und Bundesrat verpflichtet, die ihnen nach Art. 76 zugeleiteten Gesetzesvor-

---

[53] Dazu näher Wolff, Bd. II, S. 13 f.

[54] Anders, S. 656; v. Mangoldt/Klein, S. 1095; Hamann/Lenz, Art. 56, Anm. 1 sagen das selbst, ziehen aber gleichwohl den genannten Schluß; dazu auch Kaltefleiter, S. 211.

[55] So im Ergebnis Biehl, S. 113; Berger, S. 10; Friesenhahn, Prüfungsrecht, S. 686; Heyde, S. 798; Nierhaus, S. 94; Rode, S. 64; Stein, S. 95. Hamann/Lenz, Art. 82 Abs. 4 führen noch eine andere Generalklausel für Kompetenzen des Bundespräsidenten ein, wenn sie meinen, die „Würde des Präsidenten“ gebiete, daß dieser Amtshandlungen ablehnen könne, wenn er die betreffenden Staatsakte für rechtswidrig hielte. Schon Laband, S. 43 hält eine ähnliche Argumentation v. Mohls nur deshalb für richtig, weil daneben auch noch eine eindeutige Kompetenznorm vorliegt. Dagegen auch Friesenhahn, Prüfungsrecht, S. 690.

[56] Arndt, Prüfungsrecht, S. 605; Nierhaus, S. 105 f.; Spanner, S. 624; Stern, VVDStRL 25, S. 231.

[57] Dazu ausführlich Nierhaus, S. 105 m. w. N.

[58] So ausdrücklich Nierhaus, S. 106.

lagen innerhalb bestimmter Fristen an den Bundestag weiterzuleiten. Unstreitig sind beide „Verfassungsorgane“ nicht befugt, bei rechtlichen Bedenken das Gesetzgebungsverfahren durch Nichtweiterleitung an den Bundestag abzubrechen. Dazu müßten sie aber bei einer „Kompetenz zur Verfassungsbeachtung“ befugt sein. Die Ableitung einer solchen originären Kompetenz aus Art. 20 Abs. 3 ist daher abzulehnen. Kompetenzen, die der Beachtung der Verfassung durch andere Staatsorgane dienen, müssen aus einer anderen Kompetenzvorschrift abgeleitet werden. Daher ist auch der Bundespräsident nicht allgemein verpflichtet, teilnichtige Gesetze wegen der darin enthaltenen nichtigen Gesetzesnorm nicht auszufertigen.

dd) Dagegen spricht ein gewichtiges Argument gegen die Nichtausfertigung eines teilnichtigen Gesetzes. Denn dabei entfallen neben den nichtigen Teilnormen auch verfassungsmäßige, vom Gesetzgeber beschlossene Normen. Dieser Eingriff des Bundespräsidenten in die verfassungsmäßige Gesetzgebung wäre systemwidrig. Selbst das ausdrücklich zu Eingriffen in den Bereich des Gesetzgebers ermächtigte Verfassungsgericht ist nach Lehre und Rechtsprechung zum Eingriff in die verfassungsmäßigen Teile eines teilnichtigen Gesetzes nicht befugt. Dem Bundespräsidenten wird aber bei der Kontrolle der Gesetzgebung allenfalls eine Rolle neben dem Verfassungsgericht eingeräumt[59], keinesfalls aber eine weitergehende Befugnis.

b) Auch bei teleologischer Betrachtung ergeben sich wesentliche Einwände gegen die gänzliche Nichtausfertigung eines nur teilnichtigen Gesetzes. So wäre diese Befugnis in ihrem Umfang völlig ungezielt, da der Umfang des nicht ausgefertigten Gesetzes vom Umfang des Verfassungsverstoßes unabhängig ist. Die Verfassungswidrigkeit einer nebensächlichen Bestimmung in einer umfangreichen Kodifikation würde deren Nichtausfertigung insgesamt zur Folge haben. Zwar kann das Parlament den Gesetzesbeschluß ohne den Fehler erneut fassen. Da dies aber unter Beachtung aller Verfahrensvorschriften für die Gesetzgebung geschehen muß, ist der Beschluß zwar rechtlich, nicht aber politisch beliebig wiederholbar. Gerade umfangreiche Gesetze setzen eine Vielzahl von Kompromissen voraus, innerhalb der Fraktionen, innerhalb von Koalitionen und schließlich auch mit der Opposition, da viele Gesetze von allen im Bundestag vertretenen Parteien getragen werden. Die Nichtausfertigung teilnichtiger Gesetze würde daher vielfach dazu führen, daß auch der verfassungsmäßige Gesetzesteil nicht durch erneuten Gesetzesbeschluß in Kraft gesetzt werden kann, sondern endgültig scheitert. Dies würde eine effektive und geordnete Gesetzgebung

---

[59] So Hall, S. 306; Heyde, S. 799; Schack, Prüfungszuständigkeit, S. 93; ähnlich Eschenburg, S. 647; Küppers, S. 95. Gegen eine Gleichrangigkeit des Bundespräsidenten sind dagegen Rode, S. 203; Schultz, S. 650; Dreher, S. 131.

durch das Parlament erheblich behindern[60]. Schließlich würde sich der Bundespräsident durch den Zwang, wegen nebensächlicher Gesetzesfehler ein ganzes Gesetz verwerfen zu müssen, den politischen Angriffen der das Inkrafttreten des Gesetzes anstrebenden Interessengruppen ausgesetzt sehen.

4. Die Gesamtausfertigung des teilnichtigen Gesetzes

Diese Nachteile werden vermieden, wenn der Bundespräsident ein teilnichtiges Gesetz insgesamt ausfertigt. Allerdings wird dann auch eine Teilnorm als Gesetz verkündet, die nach Überzeugung des Bundespräsidenten nichtig ist. Die Verkündung eines nichtigen Gesetzes oder Gesetzesteil ist jedoch nicht denkunmöglich, nicht einmal ungewöhnlich. Denn auch die zahlreichen im Normenkontrollverfahren für nichtig erklärten Gesetze und Gesetzesteile, zahlenmäßig etwa 3—4 % der nachkonstitutionellen Bundesgesetze, haben zuvor durch Ausfertigung und Verkündung im Bundesgesetzblatt den Anschein der Rechtsverbindlichkeit erhalten. Und selbst wenn derartige Normen weithin, etwa durch die Exekutive, als nichtig erkannt worden sind, entfalten sie bis zur Nichtigerklärung durch das Verfassungsgericht gleichwohl eine Reihe von Wirkungen[61].

Da der Bundespräsident teilweise dem Bereich der Exekutive zugerechnet wird[62], ist es nicht systemwidrig, wenn auch er die Nichtigkeit mancher Gesetzesnormen nicht selbständig geltend machen kann. Denn jedenfalls das Schwergewicht des Schutzes gegen verfassungswidrige Gesetze liegt nach dem Grundgesetz nicht beim Bundespräsidenten, sondern beim Bundesverfassungsgericht[63].

a) Das zentrale Problem der Diskussion um die Prüfungskompetenz des Bundespräsidenten ist der Versuch, diese sachgerecht und systematisch begründbar einzugrenzen. Auch die Befürworter der umfassenden Prüfung erwarten keineswegs, daß die Prüfung durch den Bundespräsidenten die nachfolgende Normenkontrolle des Bundesverfassungsgerichts überflüssig macht. Niemand beanstandet, daß der Bundespräsi-

---

[60] Die Wichtigkeit einer effektiven Gesetzgebung für den modernen Staat betont Krüger, Staatslehre, S. 27. Die Schwerfälligkeit schon des bestehenden Gesetzgebungsverfahrens stellt Ellwein, System, S. 217 dar.

[61] Nach überwiegender Ansicht kann die Verwaltung zwar die Verfassungsmäßigkeit von Gesetzen prüfen, ist aber zu ihrer Verwerfung nicht befugt. Vgl. dazu Maunz/Dürig, Art. 20, Rdnr. 66; Rauschning, S. 140; Michel, NJW 1960, S. 841 ff.; Hall, Prüfung, DÖV 1965, S. 253 ff.

[62] Vgl. Berger, S. 9; Friesenhahn, Prüfungsrecht, S. 682; ähnlich Heyde, S. 798.

[63] Vgl. z. B. Eschenburg, S. 648; Küppers, S. 121; Scheuner, Probleme, S. 298; Lindler, S. 59; Arndt, S. 605; Sahlmüller, S. 40; Wild, S. 60 f.; Nierhaus, S. 100, alle vom Boden der materiellen Ausfertigungstheorie aus.

dent die zahlreichen vom Verfassungsgericht für nichtig erklärten Gesetze und Gesetzesteile ausgefertigt hat[64]. Eine überzeugende Grenzziehung ist aber mit den bisherigen Theorien nicht gelungen. Die formelle Theorie kann keinen systematisch erheblichen Unterschied zwischen formell und materiell verfassungswidrigen Gesetzen aufzeigen, der die unterschiedliche Ausfertigungsentscheidung rechtfertigen könnte. Der Versuch, dem „nur" materiell verfassungswidrigen Gesetz höhere Verbindlichkeit beizumessen als dem formell verfassungswidrigen[65], muß als gescheitert angesehen werden. Das verfassungswidrige Gesetz ist nichtig, unabhängig davon, ob der Fehler im formellen oder im materiellen Bereich liegt[66].

Dagegen liegt der systematische Grund für die unterschiedliche Behandlung teilnichtiger und gesamtnichtiger Gesetze bei der Ausfertigung auf der Hand. Beim gesamtnichtigen Gesetz liegt nur eine fehlerhafte Willensentscheidung des Parlaments vor. Bei Nichtausfertigung wird also keine zulässige Parlamentsentscheidung beanstandet. Beim teilnichtigen Gesetz ist dagegen neben dem feblerhaften Gesetzesteil noch eine fehlerfreie Entscheidung des Gesetzgebers vorhanden. Dieser Unterschied ist erheblich und rechtfertigt eine unterschiedliche Behandlung bei der Ausfertigung. Die Nichtausfertigung wirksamer Gesetzesteile, noch dazu in einem zufälligen, vom Gesetzesumfang abhängigen Maß, wäre ein unzulässiger und übermäßiger Eingriff des Bundespräsidenten in den Kernbereich der Gesetzgebung.

b) Die vier Fälle, in denen Bundespräsidenten von der Weigerungskompetenz Gebrauch gemacht haben, sind oben dargestellt worden. Dort betraf die Nichtigkeit jeweils die zentralen Regelungen des Gesetzes, zu denen alle übrigen Normen in enger Interdependenz standen. Daher war schon die erste Voraussetzung für bloße Teilnichtigkeit, die Teilbarkeit der Regelung[67], nicht gegeben. In der Praxis hat der Bundespräsident die Weigerungskompetenz also nur gegenüber gesamtnichtigen Gesetzen ausgeübt. In diesem Bereich ist mithin seine Kontrolle ähnlich effektiv wie die des Verfassungsgerichtes. Dies hat nur in acht Fällen Gesetze insgesamt verworfen, davon vier aus identischem Rechtsgrund[68]. Beim teilnichtigen Gesetz hat dagegen der Bundespräsident keine Kontrolle ausgeübt, obwohl dieser Fall in der Rechtspre-

---

[64] Vgl. dazu Schack, Prüfungszuständigkeit, S. 94; Scheuner, Probleme, S. 298; Nierhaus, S. 107; Biehl, S. 116.

[65] So ausführlich Rode, S. 60 ff.

[66] Vgl. Papier, S. 28; Kipp, S. 100, 102; auch BVerfGE 6, 32 (36 ff.); das BVerfG neigt sogar dazu, formelle Fehler, eines Gesetzes leichter zu bewerten als materielle; vgl. BVerfG DVBl. 1973, S. 131; dazu Papier, S. 20 ff.

[67] Vgl. Skouris, S. 78 ff.

[68] Nämlich das Apothekenstoppgesetz mit zwei Änderungsgesetzen und dem 2. Apothekenstoppgesetz, vgl. BVerfGE 5, 25.

chung des Bundesverfassungsgerichts um ein Vielfaches häufiger ist als der des gesamtnichtigen Gesetzes. Mithin hat die Ausfertigungspraxis des Bundespräsidenten bereits bisher die hier vorgeschlagenen Grenzen der Prüfungskompetenz eingehalten, und diese Selbstbeschränkung ist im Schrifttum auch nicht beanstandet worden.

5. Ergebnis

Aus systematischen und teleologischen Gründen ist der Bundespräsident nicht befugt, die Ausfertigung teilnichtiger Gesetze zu verweigern. Durch diese Beschränkung seiner Weigerungskompetenz sinkt deren Bedeutung erheblich. Nur bei etwa einem Zehntel der bisher vom Verfassungsgericht und vom Bundespräsidenten für nichtig gehaltenen Gesetze lag Gesamtnichtigkeit vor, in insgesamt 12 Fällen. Bei nahezu 3000 Gesetzesbeschlüssen seit 1949[69] zeigt sich, daß gesamtnichtige Gesetzte ein seltener Ausnahmefall sind.

IV. Die Ausfertigung verfassungskonform zu interpretierender Gesetze

Wäre die Ausfertigung im Sinne der herrschenden Meinung ein umfassendes Kontollinstrument gegen verfassungswidrige Gesetze, so müßte sie auch ein Eingreifen des Bundespräsidenten gegen verfassungskonform zu interpretierende Gesetze ermöglichen.

Skouris hat nämlich die Fälle der verfassungskonformen Auslegung durch das Bundesverfassungsgericht als Fälle der qualitativen Teilnichtigkeit decouvriert[70]. Hier fehlt dem Bundespräsidenten die Möglichkeit, nach Art des Bundesverfassungsgerichts bei der Ausfertigung bestimmte Auslegungen eines Gesetzes für verfassungswidrig und damit ausgeschlossen zu erklären. Er muß daher diese jedenfalls potentiell verfassungswidrigen Gesetze ausfertigen. Daß er etwa befugt wäre, sie wegen der möglichen verfassungswidrigen Auslegung insgesamt zu verwerfen, ist bisher nicht einmal erwogen worden.

Dies zeigt, daß es konsequent ist, für alle Fälle der Teilnichtigkeit eine Weigerungskompetenz des Bundespräsidenten abzulehnen, da er für diese Fälle keine ausreichend differenzierten Eingriffsmöglichkeiten hat.

---

[69] Nach Röhring/Sontheimer, S. 550 gab es bis 1969 2366 Gesetzesbeschlüsse.
[70] Skouris, S. 100 f.

V. Zwischenergebnis

Die systematische Auslegung hat danach in ihrem ersten Abschnitt ergeben, daß wesentliche Argumente sowohl der materiellen als auch der formellen Ausfertigungstheorie nicht stichhaltig sind. Dagegen hat sich aus der Beschränkung der Verwerfungskompetenz auf gesamtnichtige Gesetze eine neue, von den bisherigen Theorien unabhängige Möglichkeit ergeben, die Ausfertigungskompetenz auf ein praktikables Maß zu beschränken.

Im Folgenden ist zu prüfen, ob sich gegen diese Beschränkung aus anderen systematischen Bezügen Einwände ergeben, oder ob sie der Ergänzung durch weitere Beschränkungen bedarf.

Zweiter Abschnitt

Argumente aus dem verfassungsrechtlichen Zusammenhang

I. Art. 82 Abs. 1 Satz 1 als Verfahrensvorschrift

Der Ausfertigungsbegriff selbst wird außer in Art. 82 im Verfassungsrecht des Bundes nicht gebraucht. Im übrigen wird er im völkerrechtlichen Vertragsrecht und im Prozeßrecht verwendet[1], in beiden Fällen aber mit ganz anderem Inhalt, der hier außer Betracht bleiben kann. Es besteht aber eine systematische Beziehung zu anderen, nicht notwendig namensgleichen Rechtsinstituten, die andere staatliche Willensbildungsprozesse in ähnlicher Weise abschließen, wie die Ausfertigung des Gesetzgebungsverfahren.

1. Verwaltungsakte

Bei Erlaß eines Verwaltungsaktes muß der handelnde Beamte stets zuvor die Rechtmäßigkeit des Verwaltungsaktes prüfen und ihn bei Rechtswidrigkeit unterlassen[2]. Anders liegt es, wenn der Beamte nicht

---

[1] Vgl. z. B. § 170 Abs. 1, § 299 Abs. 1, § 317 Abs. 2—4, §§ 724, 725, 730, 734 und 795 a ZPO; dazu auch v. Mangoldt/Klein, S. 2030.

[2] Dazu Ule, S. 154; diese Verwerfung des VA ist nicht zu verwechseln mit der Prüfung und Nichtanwendung der dem VA zugrundeliegenden Rechtsnormen. Diese hat zwar der Beamte auch auf ihre Verfassungsmäßigkeit zu prüfen. Zur Verwerfung oder Nichtanwendung ist er aber nach h. M. nicht befugt (vgl. Ule, ebd.; Wolff/Bachof, S. 177; Hall, Prüfung von Gesetzen, S. 263, m. w. N.

selbst entscheidet, sondern auf dienstliche Anordnung handelt. Er muß dann zwar ebenfalls den angeordneten Verwaltungsakt auf seine Rechtmäßigkeit prüfen[3]. Seine Unterlassungsbefugnis ist aber durch das Remonstrationsrecht ersetzt[4]. Nur bei Anordnung strafbaren Verhaltens oder eines Verhaltens, das die Menschenwürde verletzt, darf und muß der Beamte den Erlaß eines angeordneten Verwaltungsakts unterlassen[5].

Der Erlaß eines Verwaltungsakts durch einen Beamten auf dienstliche Anordnung hin ist der Ausfertigung eines Gesetzes in einigen Punkten vergleichbar. In beiden Fällen unterzeichnet ein Amtsträger mit seinem Namen eine Willensentscheidung, die nicht von ihm, sondern von anderen Amtsträgern herrührt[6]. In beiden Fällen steht dem Unterzeichner eine Rechtsprüfungsbefugnis gegenüber der unterzeichneten Willenserklärung zu.

Die Beschränkung der Unterlassungsbefugnis des angewiesenen Beamten erfolgt aber nicht nach dem Kriterium der formellen oder materiellen Fehlerhaftigkeit, sondern nach der Schwere des Fehlers. Beim Verwaltungsakt auf Anordnung hat also der das Verfahren abschließende Amtsträger eine umfassende Prüfungskompetenz mit einer auf Fälle schwerer Rechtswidrigkeit beschränkten Verwerfungskompetenz.

2. Satzungen

Eine der Gesetzesausfertigung ähnliche Situation ergibt sich auch bei der amtlichen Bekanntmachung von Satzungen, insbesondere von gemeindlichen Satzungen. Diese Gemeinderatsbeschlüsse werden, je nach Regelung der Außenvertretung in den einzelnen Gemeindeordnungen und Hauptsatzungen, vom Bürgermeister oder vom Gemeindedirektor unterzeichnet und anschließend veröffentlicht[7]. Dabei hat der Unterzeichnende nach allen Gemeindeordnungen der Länder ein Prüfungsrecht[8] und in der Regel eine Prüfungspflicht[9] hinsichtlich der Rechtmäßigkeit und zum Teil auch hinsichtlich der Zweckmäßigkeit[10] von

[3] Ule, S. 154.

[4] Vgl. § 38 Abs. 2 BRRG, § 56 BBG; dazu auch Ule, S. 154 f.

[5] § 38 Abs. 2, S. 2, 2. Halbsatz BRRG; Ule, S. 155 f.

[6] Ein wesentlicher Unterschied liegt allerdings darin, daß ein Beamter, sofern nicht seine Zuständigkeit gesetzlich festgelegt ist, übergangen werden kann, indem der Vorgesetzte selbst oder ein anderer Bamter den VA erläßt. Der BP ist dagegen für die Ausfertigung allein zuständig.

[7] Vgl. Wolff, Band II, § 87 Abs. III, S. 219; für NRW vgl. Zuhorn/Hoppe, S. 103.

[8] Vgl. z. B. § 43 Abs. II GO - BW, § 39 GO - NRW; vgl. die Übersicht bei Wolff, Band II, § 87 IV, S. 223 ff.

[9] z. B. § 39 Abs. II Gemeindeordnung NRW.

[10] Vgl. z. B. § 30 Abs. I GO - NRW.

Satzungsbeschlüssen. Er kann den Beschluß beanstanden. Dies hat in der Regel aufschiebende Wirkung und führt meist zur Einschaltung der Aufsichtsbehörde, die abschließend über das Inkrafttreten der Satzung entscheidet[11].

Auch hier erstreckt sich die Prüfungs- und (aufschiebende) Weigerungsbefugnis auf alle Arten von Rechtsfehlern der Satzung[12]. Die Befugnisse sind nicht auf formelle Rechtsfehler beschränkt.

3. Ergebnis

Neben der Gesetzgebung gibt es andere staatliche Akte, bei denen der materielle Aktautor und der Aussteller der den Akt verkörpernden Urkunde auseinanderfallen (Kommunalverfassungsrecht) oder auseinanderfallen können (Verwaltungsakt auf Anordnung). In keinem dieser Fälle ist die Prüfungs- oder Verweigerungskompetenz des Ausstellers auf die Prüfung formeller Fehlerhaftigkeit beschränkt. Dagegen ist die Verweigerungskompetenz zum Teil auf besonders schwere Fehler des staatlichen Aktes eingeschränkt.

II. Art. 82 Abs. 1 Satz 1 als Normenkontrollvorschrift

1. Normenkontrolle bei Ausfertigung und durch Verfahren vor dem Bundesverfassungsgericht

Art. 82 Abs. 1 Satz 1 ist nicht nur eine Norm des Gesetzgebungsverfahrens. Die Ausfertigung mit Prüfungs- und Verweigerungskompetenz hat auch einen Normenkontrolleffekt. Daher besteht ein Zusammenhang mit den Vorschriften über die Normenkontrollkompetenz des Bundesverfassungsgerichts (Art. 93 Abs. 1 Nr. 2 und Nr. 4 a; Art. 100 Abs. 1). Dieser Zusammenhang ist in der Literatur mit unterschiedlichem Ergebnis untersucht worden[13].

---

[11] Vgl. § 39 Abs. II GO - NRW; gegen die Aufhebung durch die Aufsichtsbehörde steht der Gemeinde der Verwaltungsrechtsweg offen, vgl. näher Kottenberg/Rehn, S. 354.

[12] Ziegler, S. 58 ff.

[13] Die Gegner der materiellen Prüfungskompetenz des Bundespräsidenten halten diese neben den Kompetenzen des BVerfG für systemwidrig, so Berger, S. 11; Karstens, S. 103; Model/Müller, Art. 82 Anm. 2; Schmid, Sten. Prot. 1 BT, S. 4954; Friesenhahn, VVDStRL 25, S. 229 f.; oder jedenfalls für überflüssig, so Friesenhahn, Prüfungsrecht, S. 688; Friesenhahn, Parlament, S. 71; ebenso schon (de constitutione ferenda) Grau, S. 313. Die Befürworter der materiellen Prüfungskompetenz bestreiten entweder eine Kollision der Kompetenzen, so Rauschning, S. 155, oder sie wenden gegen den Vorwurf der Systemwidrigkeit ein, diese sei jedenfalls durch die Untrennbarkeit von formeller und materieller Prüfung unvermeidlich; so Sahlmüller, S. 39.

Das Grundgesetz kennt drei Verfahren, in denen das Bundesverfassungsgericht Normen kontrollieren kann:

— das abstrakte Normenkontrollverfahren nach Art. 93 Abs. 1 Nr. 2, dessen praktische Bedeutung bisher gering war[14],

— die Vorlage einer Norm durch ein Gericht nach Art. 100 Abs. 1, die in der Praxis die größte Rolle spielt[15],

— die Verfassungsbeschwerde nach Art. 93 Abs. 1 Nr. 4 a GG[16]. Auch dies Verfahren hat große praktische Bedeutung[17].

Die Verfahren haben unterschiedliche verfassungsgeschichtliche Wurzeln und Zielrichtungen.

Die Unterschiede zwischen ihnen und der Prüfungskompetenz bei der Gesetzesausfertigung sind zwangsläufige Folgen der Gerichtsförmigkeit der Verfahren vor dem Bundesverfassungsgericht. So bedarf die Verwerfungsentscheidung des Bundesverfassungsgerichts stets eines Antrages, während die Prüfung durch den Bundespräsidenten im Gesetzgebungsverfahren vorgeschrieben ist. Der wesentliche Unterschied der Normenkontrollverfahren vor dem Bundesverfassungsgericht zur Prüfungskompetenz des Bundespräsidenten ist ihr unterschiedlicher Anwendungsbereich. Der Bundespräsident prüft noch nicht in Kraft getretene Gesetze, die dem Bundesverfassungsgericht in der Regel entzogen sind[18]. Andererseits können dem Verfassungsgericht alle nachkonstitutionellen Gesetze zur Prüfung vorgelegt werden, die mit ihrer Verkündung der Prüfungsentscheidung des Bundespräsidenten endgültig entzogen sind.

Unbeachtlich ist dagegen, daß die Nichtigkeitsfeststellung des Bundesverfassungsgerichts im Bundesgesetzblatt verkündet wird (§ 31 Abs. 2 Satz 3 BVerfGG), die des Bundespräsidenten dagegen nicht[19]. Die Ver-

[14] Vgl. Anlage I. Danach sind erfolgreiche Normenkontrollverfahren von der Bundesregierung überhaupt nicht eingeleitet worden. Und nur 15,5 % der Verwerfungsentscheidungen ergingen im abstrakten Normenkontrollverfahren.

[15] Vgl. Anlage I. Danach ergingen 49 % aller Verwerfungsentscheidungen im Verfahren nach Art. 100 Abs. 1 GG.

[16] Dabei kann sich unter bestimmten Voraussetzungen die Verfassungsbeschwerde gegen das Gesetz direkt richten, die Verwerfungsentscheidung kann aber auch bei Verfassungsbeschwerden gegen Verwaltungsakte oder Richterspruch ergehen, wenn diese auf dem verfassungswidrigen Gesetz beruhen. Vgl. dazu näher Büsser, S. 25 ff. m. w. N. (und § 95 Abs. III S. 2 BVerfGG).

[17] Vgl. Anlage I. Danach ergingen 35 % der Verwerfungsentscheidungen im Verfassungsbeschwerdeverfahren, allerdings ohne Zweifel bei einer sehr viel größeren Zahl erfolgloser Verfahren.

[18] Vgl. BVerfGE 2, S. 169 und Bd. 1, S. 396, 413, wonach das BVerfG nur ausnahmsweise, nämlich bei völkerrechtlich bindenden Vertragsgesetzen schon vor Inkrafttreten des Gesetzes angerufen werden kann; auch Maunz/Dürig, Art. 93, Rdnr. 20.

kündung der Verweigerungsentscheidung des Bundespräsidenten im Bundesgesetzblatt ist nicht erforderlich, weil sie kein bereits dort verkündetes Gesetz betrifft.

2. Bedeutungswandel der Ausfertigung durch die Einführung umfassender Verfassungsgerichtsbarkeit

Durch die Einführung einer umfassenden Verfassungsgerichtsbarkeit im Grundgesetz hat sich die Bedeutung der Normenkontrolle durch den Gesetzesausfertiger erheblich verändert.

Bei Fehlen gerichtlicher Normenkontrolle, wie nach der Reichsverfassung von 1871, war der Gesetzesausfertiger das einzige Staatsorgan, das ein Gesetz wegen Verfassungswidrigkeit verhindern konnte[20]. Daraus ergab sich eine Garantenposition des Gesetzesausfertigers für die Verfassungsmäßigkeit der Gesetze. Wegen seiner Prüfung wurden weitere Prüfungsmöglichkeiten für unnötig oder unzulässig gehalten[21]. Durch die verfassungsgerichtliche Normenkontrolle ist diese Monopolstellung entfallen, er ist nicht mehr alleiniger Garant gegen verfassungswidrige Gesetze.

Außerdem ist die Entscheidung nicht mehr letztverbindlich. Abgesehen von der inzidenten Überprüfung im Normenkontrollverfahren kann seine Prüfungsentscheidung direkt im Wege des Organstreits vor dem Bundesverfassungsgericht angegriffen werden.

Dies mindert die Bedeutung der Prüfungskompetenz des Gesetzesausfertigers erheblich, und damit auch die Bedeutung seines Amtes. Die Gesetzesunterworfenen, die Gerichte und die am Gesetzgebungsverfahren beteiligten Organe sind nicht mehr auf den Ausfertiger angewiesen, sondern können die Verfassungswidrigkeit eines Gesetzes selbst gerichtlich geltend machen[22].

Es wäre aber ein Fehlschluß, wollte man aus dieser verminderten Bedeutung der Prüfungskompetenz auf einen verminderten Umfang schließen.

---

[19] Dies rügt Friesenhahn, Prüfungsrecht, S. 693, und will unter anderem daraus folgern, daß die Ausfertigung nicht zur Normenkontrolle dienen dürfe.

[20] So ausdrücklich für den Kaiser Laband, S. 44.

[21] So ausdrücklich Laband, S. 44 f.

[22] Damit entfällt die Begründung für eine umfassende Prüfungskompetenz des Bundespräsidenten, Wild, S. 34 mit S. 64 f., wonach die Kompetenz zum Schutz des Bundesrates gegen die Behandlung von Zustimmungsgesetzen als Einspruchsgesetz durch den Bundestag erforderlich sei. Denn in diesen Fällen ist jede Landesregierung zum Antrag im abstrakten Normenkontrollverfahren befugt. So auch Wertenbruch, S. 204.

3. Verfassungsgerichtliche Normenkontrolle und Umfang der Ausfertigungskompetenz

a) Friesenhahn und andere folgern aus der Einführung der verfassungsgerichtlichen Normenkontrolle, daß eine konkurrierende Kontrolle durch den Bundespräsidenten ausgeschlossen sei[23].

Allerdings gibt es keine Kollision. Die Letztentscheidung liegt stets beim Bundesverfassungsgericht. Eine Kollision besteht daher so wenig wie zwischen der verwaltungsinternen Rechtmäßigkeitskontrolle eines Verwaltungsaktes und dem verwaltungsgerichtlichen Verfahren.

Außerdem haben, wie erwähnt, Bundespräsident und Bundesverfassungsgericht unterschiedliche Zuständigkeiten, weil die eine Prüfung vor dem Inkrafttreten des Gesetzes, die andere regelmäßig danach stattfindet. Hauptschwäche dieser Argumentation ist aber, daß sie sich gegen die Prüfungskompetenz des Bundespräsidenten überhaupt, und nicht etwa nur gegen einen bestimmten Umfang richtet. Da aber unstreitig eine Prüfungskompetenz besteht, gilt das Argument nur de constitutione ferenda: für eine Abschaffung der Gesetzesausfertigung durch den Bundespräsidenten[24].

b) Ähnlich meint Laforet, der Bundespräsident solle keine Normenkontrolle ausüben, da er im abstrakten Normenkontrollverfahren vor dem Bundesverfassungsgericht nicht antragsberechtigt sei[25]. Dies zeige, daß man ihn aus Streitigkeiten um die Verfassungsmäßigkeit von Gesetzen habe heraushalten wollen[26]. Dagegen läßt sich e contrario argumentieren, daß ein Antragsrecht überflüssig ist, weil der Präsident das Gesetz bereits bei Ausfertigung verwerfen kann. Außerdem muß seine Unzuständigkeit bei Normenkontrolle gegen in Kraft getretene Gesetze nicht notwendig für die Normenkontrolle vor dem Inkrafttreten des Gesetzes gelten. Und auch das Argument Laforets richtet sich gegen die Prüfungskompetenz des Bundespräsidenten insgesamt, nicht — wie Laforet will — nur gegen die materielle Prüfungskompetenz.

---

[23] Friesenhahn, Prüfungsrecht, S. 688; Friesenhahn, Parlament, S. 71; ders., in: VVDStRL 25, S. 229 f.; ähnlich Berger, S. 11; Karstens, S. 103; Model/Müller, Art. 82 Anm. 2; Schmid, BT-Protokolle I/S. 4954; ähnlich schon de constitutione ferenda Grau, S. 313; C. Schmitt, S. 48; Laband, S. 46, der richterliche und kaiserliche Prüfungskompetenz als Alternative ansieht.

[24] Dafür deutlich Friesenhahn, Prüfungsrecht, S. 682.

[25] Vgl. Laforet, S. 54; dagegen Anders, S. 657; Heyde, S. 799; Küppers, S. 108. Gegen den Ausschluß des Bundespräsidenten von Auseinandersetzungen über die Verfassungsmäßigkeit von Gesetzen wurde früher auch noch seine inzwischen entfallene Befugnis angeführt, nach § 97 BVerfGG ein Gutachten des Bundesverfassungsgerichts einzuholen; vgl. Anders, S. 657; Arndt, S. 605; Dehler, BT-Protokolle I/7155; Küppers, S. 103; Schäfer, S. 436.

[26] Das gibt auch v. Mangoldt, S. 509 als Motiv des historischen Verfassungsgebers dafür an, dem Bundespräsidenten kein Antragsrecht zu geben. Ähnlich Salzwedel, VVDStRL 25, S. 232, wonach der Bundespräsident aus dem politischen Tageskampf herausgehalten werden solle.

c) Andere Autoren machen geltend, durch die Nichtausfertigung werde die verfassungsgerichtliche Klärung verhindert, da gegen den Bundespräsidenten aus politischen Gründen ein Organstreit nicht eingeleitet werde[27]. Tatsächlich sind bisher die Nichtausfertigungen von den anderen Verfassungsorganen hingenommen worden. Allerdings handelt es sich nur um vier Fälle, die von anderen Autoren positiv beurteilt werden, weil dies eine Abschirmung des Bundesverfassungsgerichts gegen zu viele Normenkontrollverfahren sei[28].

Auch dies Argument richtet sich gegen die Prüfungskompetenz des Bundespräsidenten überhaupt, nicht allein gegen die materielle Prüfungskompetenz, und ist daher unschlüssig.

d) Vielfach wird die Prüfungskompetenz des Bundespräsidenten nicht als Konkurrenz, sondern als Ergänzung zur Normenkontrollbefugnis des Bundesverfassungsgerichts angesehen[29]. Die Prüfung durch den Präsidenten kann schon das Inkrafttreten verfassungswidriger Gesetze und damit den Anschein ihrer Gültigkeit verhindern. Dies ist bei langer Dauer verfassungsgerichtlicher Normenkontrollverfahren ein wesentlicher Vorzug[30], die den Rechtsschutz gegen verfassungswidrige Gesetze sinnvoll ergänzt. Es besteht daher kein Bedürfnis, die Prüfungskompetenz des Bundespräsidenten wegen der Normenkontrollkompetenz des Bundesverfassungsgerichts einschränkend auszulegen[31] oder gar zu verneinen.

---

[27] Karstens, S. 104; Rode, S. 87; dagegen schon Wertenbruch, S. 203 und Küppers, S. 99.

[28] So Eschenburg, S. 648; Küppers, S. 121; Scheuner, Probleme, S. 298; Lindler, S. 59; zu weit geht dagegen Thieme, VVDStRL 25, S. 219, wenn er meint, gerade die anfechtbare Prüfungsentscheidung des Bundespräsidenten bewirke gerichtliche Klärung. Die bisherige Praxis zeigt, daß die Entscheidung des Bundespräsidenten gerade nicht im Verfassungsprozeß angegriffen wird. — Die vorgerichtliche Kontrolle innerhalb des Gesetzgebungsverfahrens wird meist deshalb für notwendig gehalten, weil im Parlament noch zu sehr parteipolitische Gesichtspunkte durchschlügen; vgl. Eschenburg, S. 647; Bachof, VVDStRL 25, S. 228; ähnlich Küppers, S. 61; Sahlmüller, S. 52.

[29] So Böckenförde, VVDStRL 25, S. 221; Herrfahrdt, VVDStRL 25, S. 225; Heyde, S. 799; Küppers, S. 121; Lindler, S. 66; Nierhaus, S. 104; Rauschning, S. 155; Sahlmüller, S. 41 und S. 53; Schäfer, S. 435; Wild, S. 62; ähnlich auch Arndt, S. 606; zweifelnd Anders, S. 657.

[30] Insbesondere, wenn zunächst der Rechtsweg erschöpft werden muß (§ 90 Abs. 2 BVerfGG).

[31] Wertenbruch, S. 203 und Rode, S. 75 haben noch eingewandt, dem Bundespräsidenten müsse es ebenso wie in der Regel dem Bundesverfassungsgericht (vgl. BVerfGE 1, S. 413) verwehrt sein, in das vor Verkündung des Gesetzes nicht abgeschlossene Gesetzgebungsverfahren einzugreifen. Abgesehen davon, daß auch dies gegen eine Prüfungskompetenz überhaupt sprechen würde, ist aber der Präsident, wie sich aus der Stellung von Art. 82 im VII. GG-Abschnitt ergibt, im Gegensatz zum Verfassungsgericht Beteiligter am Gesetzgebungsverfahren. Dazu auch Küppers, S. 107.

4. Folgerungen und Ergebnis

Faßt man die Prüfungskompetenz mit der überwiegenden Meinung als Ergänzung und nicht als Störung der Normenkontrollkompetenz des Bundesverfassungsgerichts auf, so spricht der Zusammenhang beider Kompetenzen für ihren gleichen Umfang. Es wäre unsystematisch, wenn der Bundespräsident die Normenkontrolle des Verfassungsgerichts nur für den Bereich der formellen Gesetzesfehler ergänzen würde.

Andererseits wäre es auch systemwidrig, wenn die ergänzende Kompetenz des Bundespräsidenten über die Kompetenzen des Verfassungsgerichts hinaus auch zur Verwerfung teilweise wirksamer Normen ermächtigen würde. Insoweit ist die Beschränkung des Bundespräsidenten auf der Verwerfung gänzlich nichtiger Gesetze geboten. Dies beschränkt andererseits angesichts der Seltenheit der Gesamtnichtigkeit von Gesetzen die Verweigerungskompetenz des Bundespräsidenten erheblich. Dadurch werden Konflikte, die Gegner einer umfassenden Weigerungskompetenz zwischen dieser und den Verwerfungskompetenzen des Bundesverfassungsgerichtes sehen, im wesentlichen ausgeräumt.

Vergleicht man Art. 82 Abs. 1 S. 1 mit den übrigen Normenkontrollvorschriften des Grundgesetzes, so spricht dies im Ergebnis nicht gegen, sondern eher für eine Weigerungsbefugnis auch bei materiellen Fehlern des Gesetzes, jedenfalls soweit sie zur Totalnichtigkeit führen.

III. Art. 82 Abs. 1 Satz 1 als Kompetenz des Bundespräsidenten

1. Die Stellung des Bundespräsidenten im Rahmen der Verfassung

Art. 82 Abs. 1 Satz 1 regelt eine Kompetenz des Bundespräsidenten. Die Vorschrift steht daher zu den Verfassungsnormen über das Bundespräsidentenamt in Beziehung. Dies sind zunächst die Normen im V. Abschnitt des Grundgesetzes, darüber hinaus aber weitere Normen, insbesondere Kompetenznormen in den anderen Teilen des Grundgesetzes[32].

Aus der Zusammenschau dieser Normen lassen sich bestimmte Vorstellungen vom Bundespräsidentenamt ableiten, die mit einem kennzeichnenden Schlagwort zusammengefaßt werden, als „Staatsnotar“[33], als „Hüter der Vrefassung“[34] oder als „pouvoir neutre“[35]. Daraus lassen

[32] Vgl. dazu die vollständigen Aufstellungen der Kompetenzen des Bundespräsidenten bei v. Mangoldt/Klein, S. 1064 und bei Nierhaus, S. 46—48.

[33] Eschenburg, S. 647.

[34] Eschenburg, S. 647; Hall, S. 306; Heyde, S. 799; Schack, Prüfungszuständigkeit, S. 93; Küppers, S. 95; Rode, S. 68—78; Friesenhahn, Prüfungsrecht, S. 689; Schultz, S. 650; Dreher, S. 131.

[35] Dazu Küppers, S. 67—95; Carlo Schmid, Sten. Ber. Parl. Rat, S. 173; und insbesondere Grauhan, S. 88 f.

sich wiederum Gesichtspunkte für die Auslegung der einzelnen das Amt betreffenden Normen ableiten. Dabei darf man nicht Schlußfolgerungen aus der schlagwortartigen Kennzeichnung ziehen, sondern aus den Auslegungsergebnissen, die dieser Kennzeichnung zugrunde liegen[36]. Sonst besteht die Gefahr eines Zirkelschlusses.

Zunächst schließt die allgemeine Stellung des Bundespräsidenten keine der Auslegungen des Art. 82 Abs. 1 Satz 1 schlechthin aus. Allenfalls sind Schlüsse möglich, welche Auslegung besser oder schlechter in den Rahmen des aus den einschlägigen Vorschriften des Grundgesetzes gewonnenen Bildes vom Bundespräsidentenamt paßt. Über diese Schlußfolgerungen ist im Rahmen der teleologischen Auslegung zu sprechen.

Daneben ist versucht worden, aus einzelnen Aspekten der Stellung des Bundespräsidenten Gesichtspunkte für die Auslegung der Ausfertigungskompetenz herzuleiten. Aber es läßt sich aus dem Vorrang des Parlaments bei der Gesetzgebung nicht folgern, daß oder gar in welcher Weise die Ausfertigungskompetenz einschränkend ausgelegt werden muß[37]. Schon die Normenkontrollbefugnisse des Bundesverfassungsgerichts zeigen, daß eine Prüfungskompetenz gegenüber Gesetzen auch in einer ausgeprägt parlamentarischen Demokratie nicht systemwidrig ist.

Die Prüfung des Bundespräsidenten ist auch kein unzulässiger Eingriff der Exekutive in den Bereich der Legislative. Abgesehen von der ausdrücklichen Regelung seiner Beteiligung an der Gesetzgebung ist eine Prüfungs- und Verwerfungskompetenz, die sich allein auf nichtige Gesetzesnormen beschränkt, kein Eingriff in die Kompetenz der Legislative. Das Parlament hat keine Kompetenz zum Erlaß verfassungswidriger Normen (Art. 1 Abs. 3, Art. 20 Abs. 3). Ein Eingriff läge nur vor, wenn der Bundespräsident durch Nichtausfertigung teilnichtiger Gesetze die zulässige Gesetzgebung des Parlaments behindern könnte.

2. Rechtsprüfungsbefugnisse in Einzelkompetenzen des Bundespräsidenten

Andere Auslegungshinweise können sich aus dem Vergleich mit Rechtsprüfungsbefugnissen in anderen Kompetenzen des Bundespräsidenten ergeben.

a) Zuerkannt wird dem Bundespräsidenten die Rechtsprüfung bei Ernennung und Entlassung der Bundesminister, die er gemäß Art. 64 Abs. 1 auf Vorschlag des Bundeskanzlers vornimmt. Auch hier ist der Umfang der Prüfungskompetenz heftig umstritten[38]. Vereinzelt wird

[36] Dazu auch Kleiner, S. 130 Anm. 7; Maurer, S. 671.

[37] So aber Friesenhahn, Prüfungsrecht, S. 681.

eine Prüfungsbefugnis des Bundespräsidenten überhaupt abgelehnt[39]. Vor allem ist streitig, ob der Bundespräsident außer aus Rechtsgründen auch aus politischen Gründen die Ernennung eines Ministers verweigern darf. Herrschend ist die Ansicht, daß der Bundespräsident nur besonders gravierende politische Bedenken erheben darf[40]. Die umfassende Rechtsprüfungsbefugnis ist unstreitig. Allerdings spielt bei den rechtlichen Voraussetzungen für die Ernennung eines Ministers[41] die Unterscheidung zwischen formellen und materiellen Fehlern eine geringe Rolle. Außerdem geht es um die Prüfung eines Einzelaktes, nicht einer Norm. Bemerkenswert ist aber, daß die Begrenzung der Kompetenz nach Schwere und Erheblichkeit des sachlichen Fehlers beim Ministervorschlag erfolgt.

b) Gemäß Art. 60 ernennt der Bundespräsident die Bundesrichter, Bundesbeamten, Offiziere und Unteroffiziere. Wie bei der Ministerernennung wird hier zwischen rechtlicher und sachlicher Prüfung unterschieden. Die Befugnis zur Prüfung der rechtlichen Voraussetzungen der Ernennung ist unstreitig, ohne daß auf die Abgrenzung von formellen oder materiellen Fehlern abgestellt würde[42]. Die sachliche Prüfung wird auch hier überwiegend auf gravierende Mängel des Ernennungsvorschlages beschränkt[43].

Insofern ergibt sich das gleiche Bild wie für die Ministerernennung.

c) Eine weitere Rechtsprüfungskompetenz des Bundespräsidenten enthält Art. 59 Abs. 1 Satz 2. Vor der Ratifikation eines völkerrechtlichen Vertrages hat der Bundespräsident zu prüfen, ob der Vertrag verfassungsmäßig — und zwar sowohl formell als auch materiell[44] — ist, und ob die weiteren Voraussetzungen für die Ratifizierung gegeben sind[45].

Diese Kompetenz, die nicht auf eine formelle Prüfung begrenzt ist, steht in direkter Beziehung zur Ausfertigungskompetenz. Denn bei der Ausfertigung des innerstaatlichen Transformationsgesetzes steht der

---

[38] Vgl. dazu Nierhaus, S. 78—83; v. Mangoldt/Klein, S. 1242 f.; Menzel, S. 581 f., jeweils mit zahlreichen Nachweisen.

[39] So eine Mindermeinung, vgl. dazu Nierhaus, S. 80 Anm. 211; v. Mangoldt/Klein, S. 1242.

[40] So vor allem Menzel, S. 594; auch v. Mangoldt/Klein, S. 1245; Nierhaus, S. 82; Winckler, S. 36; Kaltefleiter, S. 227 f.

[41] Dazu Menzel, S. 594.

[42] Nierhaus, S. 76; Maunz/Dürig, Art. 60, Rdnr. 2; Menzel, S. 585; v. Mangoldt/Klein, S. 1178.

[43] Vgl. Menzel, S. 586 f.; Nierhaus, S. 77; v. Mangoldt/Klein, S. 1179.

[44] Auch ein völkerrechtlicher Vertrag kann z. B. Grundrechte verletzen; vgl. dazu BVerfGE, Bd. 6, S. 295.

[45] Menzel, S. 592; Nierhaus, S. 74.

Bundespräsident vor den gleichen materiellen verfassungsrechtlichen Fragen, wie bei der nachfolgenden Ratifizierung des Vertrages. Es wäre wenig verständlich, müßte er das Transformationsgesetz ausfertigen, um dann die Ratifizierung des Vertrages verweigern zu können. Auch diese Prüfungsbefugnis ist also nicht auf formelle Fehler beschränkt.

Die übrigen Kompetenzen des Bundespräsidenten enthalten keine Prüfungsbefugnisse, bei denen es auf die Unterscheidung formeller und materieller Rechtsfehler ankommt.

3. Ergebnis

Aus der allgemeinen Stellung des Bundespräsidenten lassen sich keine eindeutigen Schlüsse auf den Umfang seiner Prüfungskompetenz bei der Ausfertigung ziehen. Unter seinen Kompetenzen gibt es vergleichbare Fälle, in denen der Bundespräsident Akte anderer Staatsorgane rechtlich zu prüfen hat. In keinem Fall wird die Prüfungskompetenz auf formelle Fehler beschränkt, sondern umfaßt stets alle Rechtsfehler. Eine Begrenzung der sachlichen Prüfungskompetenzen erfolgt allenfalls nach Schwere und Offenkundigkeit der sachlichen Fehler.

IV. Art. 82 Abs. 1 Satz 1 GG und die Gesetzesausfertigung in den Bundesländern

1. Der Zusammenhang der Länderverfassungen mit dem Grundgesetz

Das Grundgesetz und die Verfassungen der Länder haben den gleichen verfassungsgeschichtlichen Ursprung. Sie gehören auch kraft ausdrücklicher Normierung (Art. 28 GG) einem einheitlichen verfassungsrechtlichen System an. Daher können die in den Landesverfassungen enthaltenen Vorschriften über die Gesetzesausfertigung für die Auslegung von Art. 82 Abs. 1 Satz 1 GG herangezogen werden[46].

In den Bundesländern gibt es kein dem Bundespräsidenten vergleichbares Staatsoberhaupt. Die Ausfertigungskompetenz ist überwiegend im Bereich der Landesregierung angesiedelt. In drei Ländern (Bayern, Rheinland-Pfalz und Baden-Württemberg) steht die Ausfertigung dem Ministerpräsidenten allein zu[47]. In vier Ländern (Saarland, Niedersachsen, Hessen und Schleswig-Holstein) fertigen der Ministerpräsident und die zuständigen Minister gemeinsam aus[48]. In drei Ländern (Bre-

[46] Vgl. auch Sahlmüller, S. 53—65.

[47] Art. 76 Bayrische Verfassung; Art. 113 Verfassung von Rheinland-Pfalz; Art. 63 Landesverfassung von Baden-Württemberg.

men, Hamburg, Nordrhein-Westfalen) fertigt die Regierung insgesamt aus[49].

Eine Ausnahme macht Berlin, wo die Ausfertigung dem Präsidenten des Abgeordnetenhauses, also dem Parlamentsvorsteher, obliegt, und nur die Verkündung durch den Regierenden Bürgermeister erfolgt[50].

2. Der Umfang der Prüfungskompetenz in den Ländern

Die Aussagekraft der genannten Vorschriften für die Auslegung der Prüfungskompetenz ist gering.

Mehr als bei Art. 82 fehlt es an einer praktischen Erprobung der Weigerungskompetenz. Soweit ersichtlich, ist seit Inkrafttreten der Länderverfassungen in keinem Fall die Ausfertigung eines Landesgesetzes aus Rechtsgründen verweigert worden. Dies dürfte auf die rechtlich und politisch sehr enge Beziehung zwischen der gesetzesbeschließenden Parlamentsmehrheit und der gesetzesausfertigenden Regierung zurückzuführen sein.

Auch die spärliche wissenschaftliche Erörterung der Landesverfassungen trägt zur Klärung von Art. 82 Abs. 1 Satz 1 nicht bei. Soweit die Frage des Umfangs der Prüfungskompetenz bei der Ausfertigung überhaupt angesprochen wird, sieht man sie, zum Teil unter Hinweis auf das Untrennbarkeitsargument[51], als umfassend an[52], ohne dabei Gesichtspunkte zu nennen, die über die Diskussion zu Art. 82 Abs. 1 Satz 1 hinausführen.

Gleichwohl enthalten die Bestimmungen einige Hinweise für die Auslegung von Art. 82 Abs. 1 Satz 1.

a) Diese Ausfertigungsvorschriften sind überwiegend strikt formuliert („hat auszufertigen")[53]. Sie schließen damit ein Ermessen des Ausfertigers eindeutig aus. Es ist nicht anzunehmen, daß die Ausfertigung in den Ländern gebundene Entscheidung, im Bund dagegen Ermessensentscheidung ist. Erwägungen über ein solches Ermessen des Bundes-

---

48 Art. 104 Landesverfassung des Saarlandes; Art. 36 Abs. 1 Niedersächsische Landesverfassung; Art. 34 Schleswig-Holsteinische Landessatzung; Art. 120 Hessische Landesverfassung.

49 Art. 123 Abs. 3 Bremische Landesverfassung; Art. 52 Hamburger Landesverfassung; Art. 71 Abs. 1 Landesverfassung von Nordrhein-Westfalen.

50 Art. 42 Abs. 2 der Verfassung von Berlin.

51 Korte, S. 194 f.

52 Für Rheinland-Pfalz vgl. Mayer/Ule, S. 53; für NRW Geller/Kleinrahm/Fleck, S. 470 f.; für Bayern Mang/Maunz/Mayer/Obermayer, S. 48; zusammenfassend m. w. N. Sahlmüller, S. 55 f.

53 So in Bremen, Berlin, Hamburg, Niedersachsen, Rheinland-Pfalz und im Saarland.

präsidenten, die an die weniger strenge Formulierung von Art. 81 Abs. 1 S. 1 geknüpft werden, sind daher unzutreffend.

b) In Berlin liegt gemäß Art. 46 Abs. 2 Verf die Ausfertigung in der Hand des Parlamentspräsidenten. Wegen der identischen Bezeichnung in allen Ländern und weil die Rechtskontrolle gegenüber dem Gesetzgeber in Berlin keinen anderen Umfang haben kann, ist von gleichem Kompetenzumfang des Berliner Parlamentspräsidenten auszugehen. Dann entfällt aber die Schlüssigkeit der Argumentation, die die Beschränkung der Ausfertigung auf die formelle Prüfungskompetenz mit der Systemwidrigkeit der Ausfertigung durch ein Exekutivorgan begründen will[54].

c) Schließlich gibt es eine aufschlußreiche und bisher nicht beachtete Besonderheit in Art. 71 Abs. 1 der Verfassung von Nordrhein-Westfalen. Dort heißt es:

> „Die Gesetze werden von der Landesregierung unverzüglich ausgefertigt und im Gesetz- und Verordnungsblatt verkündet. Sie werden vom Ministerpräsidenten und den beteiligten Ministern unterzeichnet."

In dieser Vorschrift wird zwischen der eigentlichen Ausfertigung und der Unterzeichnung der Originalurkunde des Gesetzes unterschieden. Die Ausfertigung ist der Landesregierung insgesamt zugewiesen und erfolgt durch Kabinettsbeschluß[55]. Die anschließende Unterzeichnung des Gesetzes erfolgt nur durch den Ministerpräsidenten und die zuständigen Minister[56]. Dies schließt aus, daß die Ausfertigung sich in der Unterschrift unter ein Gesetz erschöpft. Der Kabinettsbeschluß kann daher nur die Feststellung enthalten, daß die Voraussetzungen für die Unterzeichnung und Verkündung des Gesetzes gegeben sind. Diese Feststellung setzt eine Prüfung voraus.

Die Trennung der Ausfertigung von der Unterschrift betont ihre Eigenständigkeit als Prüfung des Gesetzes. Die ausdrücklich vorgeschriebene Prüfung durch das Kabinett dürfte daher ebenso wie die ausdrücklich geregelten Prüfungen der Verfassungsgerichte sowohl die formelle als auch die materielle Verfassungsmäßigkeit des Gesetzes umfassen. Denn die Regelung der Ausfertigung als besondere Prüfung enthält keinen Hinweis darauf, daß der Ausfertigungsbeschluß sich nur auf bestimmte Arten von Gesetzesfehlern bezieht.

Weitere Folgerungen lassen sich aus dem Landesverfassungsrecht für die Auslegung von Art. 82 Abs. 1 Satz 1 nicht ziehen.

---

[54] So Friesenhahn, Prüfungsrecht, S. 682; dazu auch Berger, S. 9; Heyde, S. 798; vgl. oben, S. 88.

[55] Vgl. Geller/Kleinrahm/Fleck, S. 471.

[56] Vgl. Geller/Kleinrahm/Fleck, S. 472.

V. Art. 82 Abs. 1 Satz 1 im internationalen und historischen Vergleich

Schließlich können sich Hinweise auf den Umfang der Ausfertigungskompetenz durch Vergleich mit ähnlichen Kompetenzen in anderen Verfassungen ergeben, zu denen, wie bei den westeuropäischen Verfassungen[57], enge historische Bezüge bestehen.

Die Ausfertigung oder jedenfalls die Unterzeichnung der Gesetze durch ein von der Regierung getrenntes Staatsoberhaupt ist im außerdeutschen Verfassungsrecht verbreitet. Dabei ist das Vorhandensein eines solchen Rechtsinstitutes von der jeweiligen Staatsform weitgehend unabhängig. Es findet sich in Monarchien[58], in Republiken[59] und, mit gewissen Besonderheiten, auch in volksdemokratischen Staaten[60]. Daraus folgt aber die Unbrauchbarkeit des internationalen Vergleichs für die Auslegung von Art. 82 Abs. 1. Zwar sind mit dem Recht zur Unterzeichnung der Gesetze stets Prüfungsbefugnisse verbunden. Deren Umfang ist aber ganz unterschiedlich. Das Ausmaß der Prüfung reicht von der Überprüfung der politischen Zweckmäßigkeit mit suspensivem Vetorecht[61] bis zum Fehlen jeglicher über die Prüfung der Gesetzeskriterien hinausgehenden Kontrolle schon deshalb, weil der materielle Prüfungsmaßstab einer dem Gesetz vorrangigen Verfassung fehlt[62]. Bei der dem Grundgesetz historisch besonders nahestehenden österreichischen Verfassung von 1920 besteht hinsichtlich der Prüfungskompetenz des Bundespräsidenten ein ähnlicher Streitstand wie in der Bundesrepublik[63].

---

[57] Vgl. Mayer-Tasch, S. 36.

[58] Vgl. z. B. Art. 69 der belgischen Verfassung von 1831, abgedruckt bei Mayer-Tasch, S. 52; § 14 S. 3 der dänischen Verfassung von 1953, bei Mayer-Tasch, S. 68; Art. 131 der niederländischen Verfassung von 1815, bei Mayer-Tasch, S. 386; vgl. auch Art. 4 des britischen Parlamentsgesetzes von 1911, bei Mayer-Tasch, S. 250.

[59] Vgl. Art. 10 Abs. 1 der französischen Verfassung von 1958, bei Mayer-Tasch, S. 192; Art. 73 Abs. 1 mit Art. 87 Abs. 5 der italienischen Verfassung von 1947, bei Mayer-Tasch, S. 329.

[60] Vgl. Art. 217 Abs. 1 der jugoslawischen Verfassung von 1963, bei Peaslee. Bd. III, S. 1295; in anderen volksdemokratischen Staaten gibt es kein personifiziertes Staatsoberhaupt. Dessen Funktionen sind z. T. kollektiv dem Präsidium des Parlaments übertragen, wobei die Unterzeichnung der Gesetze dem Vorsitzenden des Parlamentspräsidiums obliegt, vgl. dazu Art. 20 Abs. 2 der polnischen Verfassung von 1952, bei Peaslee III, S. 714; Art. 40 der sowjetischen Verfassung von 1936, bei Peaslee III, S. 994.

[61] So kann der Präsident der französischen Republik Gesetze an das Parlament zurückverweisen, oder sie, auf Vorschlag der Regierung, zum Volksentscheid bringen (Art. 10 Abs. 2 und Art. 11 der Verfassung von 1958, bei Mayer-Tasch, S. 192). Auch der Präsident der italienischen Republik kann Gesetze an das Parlament zurückverweisen (Art. 74 Abs. 1 der Verfassung von 1947, bei Mayer-Tasch, S. 326).

[62] So in Großbritannien, vgl. Mayer-Tasch, S. 227.

Ebenso führt auch der verfassungsgeschichtliche Vergleich nicht zu einer Klärung des Umfangs der Prüfungskompetenz. Die außerdeutsche Verfassungsgeschichte zeigt ebensowenig wie das geltende ausländische Verfassungsrecht einheitliche Normen oder Vorstellungen über den Umfang der Prüfungskompetenz des Gesetzesausfertigers.

Daher muß es bei der aus der konkreten Verfassungsordnung des GG gewonnenen Lösung bleiben.

VI. Zusammenfassung

In der Bundesrepublik gibt es keine der Ausfertigung vergleichbare Kompetenz, bei der die Verwerfung eines fehlerhaften Staatsaktes nur bei formellen, nicht aber bei materiellen Fehlern erfolgen darf. Regelmäßig ist beiden Fehlerarten die gleiche Rechtsfolge zugeordnet, bei Normen zumeist Nichtigkeit. Danach widerspräche es der Systematik unserer Rechtsordnung, wenn allein bei der Ausfertigung der Gesetze durch den Bundespräsidenten ein formeller Gesetzesfehler eine anders behandelt würde als ein materieller Gesetzesfehler.

Auch die beschränkt-materielle Ausfertigungstheorie wird durch systematische Auslegung nicht gestützt. Soweit Prüfungskompetenzen des Bundespräsidenten nach Kriterien wie Schwere oder Offenkundigkeit abgegrenzt werden, handelt es sich nicht um Rechtsentscheidungen, sondern um politische Entscheidungen. Die Begrenzung einer Rechtsprüfung auf bestimmte materielle Fehler gibt es im Beamtenrecht, wo dies jedoch ausdrücklich geregelt ist. Daran fehlt es für die Ausfertigungskompetenz.

Dagegen entspricht es der Systematik unseres Verfassungsrechts, zwischen teilnichtigen und gesamtnichtigen Gesetzen zu unterscheiden. Dies geschieht in den Normenkontrollverfahren vor dem Bundesverfassungsgericht. Daß die Teilnichtigkeit bei der Ausfertigung eine andere Rechtsfolge hat (Ausfertigung des gesamten Gesetzes) als bei der Normenkontrolle des Bundesverfassungsgerichts (Teilverwerfung), ist in der Natur der Ausfertigungskompetenz begründet, die Teilentscheidungen nicht zuläßt.

Die Alternative, als Rechtsfolge der Teilnichtigkeit Nichtausfertigung anzunehmen, widerspräche der Systematik des Grundgesetzes. Denn damit würde dem Bundespräsidenten die Möglichkeiten gegeben, auch in die fehlerfreie Gesetzgebung des Parlaments einzugreifen.

---

[63] Vgl. dazu Art. 47 Abs. 1 der Bundesverfassung von 1920, bei Mayer-Tasch, S. 441; zum Streitstand Weyr, S. 366.

§ 9: Teleologische Auslegung

I. Die Funktion der Gesetzesausfertigung durch den Bundespräsidenten

1. Der Zweck der Gesetzesausfertigung

Abschließend ist das Ergebnis durch teleologische Auslegung zu überprüfen.

Damit stellt sich die Frage nach dem Zweck der Gesetzesausfertigung durch den Bundespräsidenten[1]. Sie ist für die Ausfertigung schwerer zu beantworten als für die benachbarte Gesetzesverkündung, deren Zweck sich seit Jahrhunderten nicht verändert hat. Der Zweck der Ausfertigung hat sich dagegen gewandelt. Noch im Frühkonstitutionalismus[2] und wieder verstärkt in der nationalsozialistischen Staatsrechtslehre[3] sicherte die Ausfertigung durch das Staatsoberhaupt dessen Beteiligung auch an der Bestimmung des Gesetzesinhalts. Nach dem Grundgesetz legen allein die gesetzgebenden Körperschaften den Gesetzesinhalt fest.

Da die Unterzeichnung der Originalurkunde des Gesetzes nicht mehr sachliche Beteiligung an der Gesetzgebung bedeutet, kann Zweck dieser Ausfertigung durch ein parlamentsfremdes Organ nur noch die rechtliche Kontrolle dieses Parlamentsbeschlusses sein. Durch Aufteilung des Gesetzgebungsvorganges auf verschiedene Organe soll die Beachtung der verfassungsmäßigen Ordnung sichergestellt werden[4]. Dieser Kontrollzweck ist nahezu unbestritten. Gegner der herrschenden Meinung halten nur de constitutione ferenda den Bundespräsidenten nicht für geeignet oder befugt, eine solche Kontrolle auszuüben[5], oder sie wollen ihn auf die teilweise Kontrolle der Verfassungsmäßigkeit der Gesetze

---

[1] Zu dieser Fragestellung der teleologischen Auslegung vgl. Larenz, S. 312.

[2] Vgl. Laband, S. 11 ff.

[3] Z. B. Huber, Verfassungsrecht, S. 238.

[4] So vor allem Rauschning, S. 147 und S. 150 ff. m. w. N.; von einem Kontrollzweck zur Sicherung der Verfassungsmäßigkeit der Gesetzgebung gehen aber mehr oder minder ausdrücklich auch die übrigen Autoren aus; vgl. Eschenburg, S. 647; Anders, S. 655; Arndt, S. 605; Wild, S. 34; Nierhaus, S. 104 ff.

[5] Friesenhahn, Parlament, S. 71; Friesenhahn, Prüfungsrecht, S. 688; Berger, S. 9.

beschränken[6]. Nur ganz vereinzelte wird die Kontrollfunktion gänzlich verneint[7] und der Zweck der Ausfertigung auf die Klarstellung der Urheberschaft am Gesetz beschränkt[8]. Da dies allein die Ausfertigung durch den Bundespräsidenten nicht rechtfertigen kann, führt dies folgerichtig zu der Forderung, sie abzuschaffen[9]. Das Grundgesetz hat sie aber ausdrücklich dem Bundespräsidenten zugewiesen.

Gegen die Eliminierung des Kontrollzweckes aus der Ausfertigung spricht ein weiterer Gesichtspunkt. Nach dem Grundgesetz hat die Verfassung Vorrang vor dem einfachen Gesetz (Art. 20 Abs. 3 GG). Wenn dadurch die Prüfung der Verfassungsmäßigkeit von Gesetzen zentrale Bedeutung erlangt hat, ist es unwahrscheinlich, daß eines der ältesten Kontrollinstrumente für die Verfassungsmäßigkeit von Gesetzen diesen Zweck gerade nach dem Grundgesetz verloren haben soll.

Zweck der Ausfertigung ist daher die Kontrolle der Gesetzgebung auf Einhaltung der Bindung an die verfassungsmäßige Ordnung[10].

2. Ausfertigungszweck und Umfang der Prüfungskompetenz

a) Die formelle Ausfertigungstheorie

Damit ist der Umfang der Prüfungskompetenz nicht abschließend bestimmt. Denn ein Kontrollzweck wird auch erfüllt, wenn er sich nur auf bestimmte Fehler bezieht. Dann muß es jedoch eine überzeugende Begründung für die Beschränkung der Kontrolle auf bestimmte Fehlerarten geben.

Rode hat für eine Beschränkung auf formelle Fehler Gründe angeführt. Danach ist bei formellen Gesetzesfehlern ein wirksam gebildeter Wille des Gesetzgebers gar nicht vorhanden, während bei materiellen Gesetzesfehlern ein zwar wirksam gebildeter aber unzulässiger Wille des Gesetzgebers vorliege[11]. Zweck der Ausfertigung sei nur die Ausschaltung nicht ordnungsgemäß gebildeter Willensbekundungen des Gesetzgebers, nicht aber die Verwerfung eines unzulässigen Gesetzgebungswillens[12].

---

[6] Rode, S. 61 f.

[7] Ladenburger, S. 112.

[8] Heydt, S. 203.

[9] Heydt, ebd.; Berger, S. 11; Friesenhahn, Prüfungsrecht, S. 682.

[10] Dieser Zweck rechtfertigt auch die durch die zusätzliche Prüfung eintretende Erschwerung und ggf. Verzögerung des Gesetzgebungsverfahrens, die Karstens, S. 104 und Wertenbruch, S. 203 als Gegenargument anführen. Dagegen auch Stern, VVDStRL 25, S. 231.

[11] Rode, S. 62.

[12] Rode, S. 63.

Wie schon erörtert, kann dies nicht überzeugen, da materiell fehlerhafte Gesetze keine erhöhte Wirksamkeit haben, sondern, wie die formell fehlerhaften, nichtig sind[13]. Da die verfassungsmäßige Ordnung durch beide Fehlerarten gleichschwer bedroht ist[14], kann der Schutzzweck der Ausfertigung nicht auf eine der Fehlerarten beschränkt werden.

b) Beschränkt-materielle Theorie

Denkbar wäre auch eine Beschränkung des Schutzzweckes der Ausfertigung auf die Verhinderung von wesentlichen, erheblichen, offenkundigen oder schweren Fehlern[15]. Dies ist bisher nicht näher untersucht worden[16].

Zunächst könnte es auf die Offenkundigkeit oder Schwere des jeweiligen Verstoßes gegen die verfassungsmäßige Ordnung ankommen. Dagegen spricht, daß alle Verstöße gegen diese Ordnung gleichwertig sind, weil ihre Rechtsfolge die Nichtigkeit ist[17]. Zwar sind auch die Verfassungsnormen rechtlich nicht gleichwertig. So heben Art. 79 Abs. 3 und Art. 19 Abs. 2 Normen besonders hervor, die eine freiheitlichdemokratische Grundordnung kennzeichnen. Sie unterscheiden sich von den übrigen Verfassungsnormen aber nur durch ihre Unveränderlichkeit durch verfassungsändernde Gesetze[18]. Bei einfachen Gesetzen führt ein Verstoß gegen diese Normen ebenso wie bei anderen Verfassungsnormen zur Nichtigkeit. Daher ist die Wesentlichkeit, Erheblichkeit, Offenkundigkeit oder Schwere eines Fehlers nur nach seiner Bedeutung für das konkrete auszufertigende Gesetz zu bemessen[19].

Aber auch dies rechtfertigt keine Beschränkung des Schutzzwecks der Ausfertigung. Denn die Nichtigkeit der fehlerhaften Norm tritt ein, ohne daß es auf ihre Bedeutung im Rahmen des konkreten Gesetzes ankommt. Daher läßt sich die von der beschränkt-materiellen Theorie vorgenommene Beschränkung der Ausfertigungskompetenz teleologisch nicht rechtfertigen.

---

[13] Auch Majer, S. 31 f.

[14] Sieht man im Sinne der reinen Rechtslehre die Gesetzgebung als bloßen Verfassungsvollzug an, wäre die verfassungsmäßige Ordnung sogar nur durch materielle, nicht aber durch formelle Gesetzesfehler bedroht, vgl. Papier, S. 26 m. w. N.

[15] So Scheuner, Probleme, S. 298; Herrfahrdt BK, Art. 82 Anm. II 1; Rauschning, S. 163; Stein, S. 96; Heyde, S. 800; Bundesregierung, nach Anders, S. 653; Dürig, VVDStRL 25, S. 234; Ellwein, S. 279.

[16] Rauschning, S. 163 verweist für die Abgrenzung auf die Staatspraxis, an der es aber gerade fehlt.

[17] Sofern es sich nicht um unbeachtliche Gesetzesfehler handelt, die die Wirksamkeit des Gesetzes nicht beeinträchtigen.

[18] Deshalb ist bei verfassungstextändernden Gesetzen materiell zu prüfen, ob die Textänderung gegen diese Normen verstößt; vgl. oben, S. 72 f.

[19] So auch Rauschning, S. 161.

c) Eigene Lösung

Bei geringfügiger Modifizierung der Argumentation der beschränkt-materiellen Theorie kann aber der Schutzzweck der Ausfertigung beschränkt werden. Beschränkt man den Schutzzweck auf solche Gesetzesfehler, die zur Gesamtnichtigkeit des konkreten Gesetzes führen, findet man auch die tragfähige Begründung für eine solche Beschränkung. Bei den anderen Fehlern, die nur zur Teilnichtigkeit des auszufertigenden Gesetzes führen, bleibt neben dem nichtigen auch ein wirksamer Gesetzgebungswille bestehen. Diesen zu inhibieren, kann nicht Zweck der Ausfertigung sein. Daher ist es sinnvoll, den Zweck der Ausfertigung auf die Vermeidung solcher Gesetzesfehler zu beschränken, die zur Gesamtnichtigkeit eines Gesetzes führen. Die hier vertretene Auslegung von Art. 82 Abs. 1 S. 1 läßt sich danach auch teleologisch begründen.

II. Funktion des Bundespräsidentenamtes

1. Traditionelle Funktionsbestimmungen

Dieser Zweck könnte der Ausfertigungskompetenz aber nicht zukommen, wenn er der Rolle, die der Bundespräsident im Verfassungsgefüge spielt, widerspräche. Er muß sich daher einer Funktionsbestimmung des Bundespräsidentenamtes insgesamt anpassen, die aus den übrigen Kompetenzen des Bundespräsidenten zu erschließen ist[20].

In der staatsrechtlichen Literatur gibt es bereits solche allgemeinen Beschreibungen der Funktion des Bundespräsidenten. Dabei lassen sich traditionelle, bereits für das Amt des Reichspräsidenten nach der WRV verwandte und neuere Funktionsbestimmungen unterscheiden.

a) Der Bundespräsident als „Hüter der Verfassung"

Carl Schmitt hat in seiner bekannten Schrift die Rolle des Reichspräsidenten in der Weimarer Zeit als die eines Hüters der Verfassung gegen die von den parlamentarischen Kräften verkörperten Partikularinteressen definiert[21]. Dies hat in der Endphase der Weimarer Republik weithin Zustimmung gefunden[22]. Zu dieser Funktion soll eine Prüfungskompetenz gegenüber den Gesetzen bei der Ausfertigung gehören[23]. Schmitts Argumentation ist von verschiedenen Autoren auch für den Bundespräsidenten übernommen worden[24].

---

[20] Vgl. die Aufstellung der Kompetenzen bei v. Mangoldt/Klein, S. 1064 und bei Nierhaus, S. 46—48.

[21] Schmitt, S. 88 mit S. 157 f.

[22] Vgl. die Nachweise bei Schmitt, S. 3, Anm. 3.

[23] Schmitt, S. 158.

Wesentliche Voraussetzungen für die Argumentation Schmitts, wie die unmittelbare Volkswahl des Staatsoberhauptes[25] und das Fehlen eines gerichtsförmigen Schutzes der Verfassung[26] sind aber nach dem Grundgesetz entfallen. Daher ist sehr fraglich, ob der Bundespräsident noch als Hüter der Verfassung im Sinne Schmitts gedeutet werden kann[27].

b) Der Bundespräsident als „pouvoir neutre"

Noch älter als das Institut des Hüters der Verfassung ist die Deutung der Rolle des Staatsoberhauptes als „pouvoir neutre"[28].

Danach sollte das Staatsoberhaupt nicht selbst an der aktiven Gestaltung der staatlichen Politik beteiligt sein, sondern sich auf eine neutrale Rolle unter Einschluß bestimmter Kontrollrechte beschränken. Auch dieser Begriff ist verschiedentlich zur Beschreibung der Stellung des Bundespräsidenten verwandt worden[29].

Auch hier gilt jedoch, daß wesentliche Voraussetzungen einer Stellung des Bundespräsidenten als „pouvoir neutre" entfallen sind. Denn zu dessen Stellung, begründend für seine Kontrollkompetenzen, gehörte die Befugnis, letztverbindlich über die Rechtmäßigkeit von Staatsakten zu entscheiden[30]. Diese Befugnis zur Letztentscheidung ist jedoch nach dem Grundgesetz dem Bundesverfassungsgericht vorbehalten. Daher beschreibt der Begriff des „pouvoir neutre" die Stellung des Bundespräsidenten nicht mehr ausreichend und umfassend[31].

---

[24] Vor allem Küppers, S. 67 ff.; als Hüter der Verfassung bezeichnen den Bundespräsidenten auch Eschenburg, S. 647; Jacobi, Sten. Prot. 1. Bundestag, S. 7156; als „Mithüter" bezeichnen ihn Hall, S. 306; Heyde, S. 399; Schack, Prüfungszuständigkeit, S. 93; der Begriff des Hüters der Verfassung wurde schon vor Schmitt verwendet, vgl. Laband, S. 46; RGZ 118, Anhang, S. 4; zur Begriffsgeschichte Küppers, S. 70—74.

[25] Vgl. Schmitt, S. 158 f.

[26] Vgl. Schmitt, S. 22—47, wo er S. 41 diesen Schutz auch de constitutione ferenda für ausgeschlossen hielt.

[27] Gegen diese Deutung Dreher, S. 131; Schultz, S. 650; vgl. auch Rode, S. 68—78; Wertenbruch, S. 203; Friesenhahn, Prüfungsrecht, S. 689.

[28] Zum Begriff selbst vgl. Grauhan, S. 1—9, zur Begriffsgeschichte ebd., S. 10—19.

[29] Carlo Schmid, Stenographische Berichte des Parl. Rates, S. 173; vor allem auch Küppers, S. 67—95, speziell zur Begründung der materiellen Prüfungskompetenz bei der Ausfertigung; vgl. weiter Grauhan, S. 88 f. m. w. N.

[30] Vgl. Grauhan, S. 52 ff.

[31] Ebenso Grauhan, S. 93; Rode, S. 77 f.; Weber, S. 29; Nierhaus, S. 45; Doehring, S. 211.

2. Neuere Funktionsbestimmungen

a) Politische Reservefunktion

Für das Amt des Bundespräsidenten gibt es bislang in der Staatsrechtslehre keine Funktionsbeschreibung, die ähnlich griffig wäre wie das Wort vom „Hüter der Verfassung". Man hat nur Teilfunktionen herausgearbeitet, die Aspekte des Amts und seiner Kompetenzen erfassen.

Dem Bundespräsidenten stehen noch einige wenige Kompetenzen mit politischem Inhalt und politischem Entscheidungsspielraum zu. Dazu gehört vor allem seine Beteiligung an der Regierungsbildung (Art. 63, insbesondere Abs. 4 S. 3), an der Auflösung des Bundestages (Art. 68 Abs. 1 S. 1) und beim Gesetzgebungsnotstand (Art. 81 Abs. 1 S. 1) und eventuell noch das Recht, den Bundestag einberufen zu lassen (Art. 39 Abs. 3 S. 3). Alle genannten Kompetenzen haben Bedeutung nur in Ausnahme- und Krisenfällen, wenn das parlamentarische Regierungssystem nicht funktioniert. Dann soll es Aufgabe des Bundespräsidenten als einer politischen Reservemacht sein, die Störung zu überwinden[32]. Nur darauf, nicht auf die Übernahme der Entscheidungen selbst richten sich die obengenannten Kompetenzen. Zutreffend ordnet man sie daher einer politischen Reservefunktion des Bundespräsidenten zu.

Die Ausfertigungskompetenz kann aber dieser politischen Reservefunktion nicht zugeordnet werden. Zwar kann man sagen, daß auch die Weigerungskompetenz nur ausnahmsweise, mithin in Krisenlagen angewandt wird[33]. Aber es fehlt bei der Ausfertigungskompetenz der politische Entscheidungsspielraum, der die Kompetenzen der politischen Reservefunktion charakterisiert. Zwar wird auch eine verfassungsrechtliche Prüfung vom politischen Standort und den Interessen des Prüfenden beeinflußt[34]. Gleichwohl muß der Bundespräsident die Prüfungsentscheidung nach § 82 Abs. 1 S. 1 nach rechtlichen, nicht aber, wie bei den obengenannten Kompetenzen, nach politischen Kriterien treffen. Da die Ausfertigungskompetenz nicht der politischen Reservefunktion des Bundespräsidenten dient, lassen sich von dorther auch ihre Rolle und ihr Umfang nicht näher bestimmen.

---

[32] Kaltefleiter, S. 208 ff.; Stein, S. 89; auch in der Diskussion auf der Staatsrechtslehrertagung wurde im Zusammenhang mit der Gesetzesausfertigung von Dürig (S. 224) und Bettermann (S. 224) die Reservefunktion in den Vordergrund gestellt, vgl. VVDStRL 25, 1967, S. 219 ff.; skeptisch zur politischen Bedeutung dieser Kompetenzen Herzog, Verfassungsstaat, S. 401.

[33] Obwohl bisher die Weigerungsentscheidungen des Bundespräsidenten kaum Züge einer politischen Krise trugen.

[34] Vgl. Kaltefleiter, S. 208; Salzwedel, VVDStRL 25, 1967, S. 232.

b) Integrationsfunktion

Ein allgemeiner Aspekt des Bundespräsidentenamtes, der sich auf alle Kompetenzen bezieht, ist seine Bewertung als Integrationsfaktor. Er soll als Staatsoberhaupt die Einheit der Nation und ihres Staates über dem für die Parteiendemokratie kennzeichnenden Antagonismus von Regierungsmehrheit und Opposition verkörpern. Seine Beteiligung an den wichtigsten Staatsakten bringt zum Ausdruck, daß es sich um für die Gesamtheit, nicht nur für eine Mehrheit verbindliche Entscheidungen handelt[35].

Für diese Wirkung, die auf der bloßen Beteiligung des Bundespräsidenten beruht, ist die rechtliche Bedeutung des Beteiligungsaktes unerheblich. Daher ergibt die Zuordnung der Ausfertigungskompetenz zu dieser Integrationsfunktion keinen Hinweis auf die rechtliche Bedeutung dieser Kompetenz.

Die Ausfertigung als Integrationsvorgang bestätigt lediglich, daß darin keine sachliche Beteiligung des Bundespräsidenten an der Gesetzgebung liegen kann, die ihn zum Parteigänger des Gesetzgebers machen, und ihn seiner verbindenden Rolle über den Parteien berauben würde.

c) Legalitätsreserve oder Notarfunktion

Mit der Integrationswirkung ist aber die Beteiligung des Bundespräsidenten an den wichtigsten Staatsakten nicht erschöpft. Dies allein könnte es nicht rechtfertigen, ihn einzuschalten. Es liege nahe, den Zweck dieser Beteiligung auch in der Kontrolle der anderen Staatsorgane bei Ausübung ihrer Kompetenzen zu sehen[36]. Die Beteiligung des Bundespräsidenten an wichtigen Staatsakten gehört daher zu dem System von „checks and balances“ in unserer gewaltenteilenden Verfassung[37] und dient der Sicherung der Beachtung des Verfassungsrechts[38].

Der Bundespräsident hat daher nicht nur eine politische Reservefunktion. Wenn er auch nicht mehr Hüter der Verfassung ist, so bildet doch seine Beteiligung an wesentlichen Staatsakten eine zusätzliche Legalitätsreserve, die verfassungswidriges Handeln der anderen Staats-

---

[35] Dazu und zur Integrationsfunktion allgemein Stein, S. 88; Menzel, S. 591; Herzog, Verfassungsstaat, S. 401.

[36] Die Beteiligung zusätzlicher Amtsträger oder Personen zu Kontrollzwecken bei wichtigeren Rechtshandlungen ist ein durchgängiges Prinzip unseres Prozeßrechts (vgl. §§ 140, 576 Abs. 1 ZPO, §§ 81 c Abs. 4, 98, 105, 110 StPO) und des Zivilrechts (§§ 1821, 1822, 2216 Abs. 2 BGB; §§ 116 Abs. 2 und 3, 164 S. 2 HGB).

[37] Dazu Maunz/Dürig, Art. 20, Rdnr. 68; v. Mangoldt/Klein, S. 599 m. w. N.

[38] So auch Rauschning, S. 147 ff. m. w. N.; Stern, VVDStRL 25, S. 231.

organe hindern kann. Eschenburg hat diese Rolle des Bundespräsidenten anschaulich als die eines „Staatsnotars" bezeichnet[39].

Der Notar beurkundet als Träger eines öffentlichen Amtes Rechtsvorgänge vornehmlich des bürgerlichen Rechts[40]. Er stellt damit den betreffenden Vorgang zu öffentlichem Glauben fest[41]. Entsprechend beurkundet der Bundespräsident und nicht das handelnde Staatsorgan die wichtigsten verfassungsrechtlichen Rechtsvorgänge, nach innen die Gesetze und die Ernennung der wichtigsten Amtsträger des Bundes, nach außen die Verträge mit fremden Staaten. Auch diese Beurkundung stellt die fraglichen Vorgänge zu öffentlichem Glauben fest[42] und rechtfertigt damit eine Analogie zur Funktion des Notars.

Die Einschaltung des Notars dient aber im Zivilrecht nicht nur der Rechtssicherheit durch Beweiserleichterung. Die Prüfungs- und Belehrungspflichten des Notars sollen vielmehr auch fehlerhafte und damit möglicherweise nichtige Rechtsgeschäfte verhindern[43]. Zur Ausübung dieser Kontrolle über die von ihm beurkundeten Rechtsgeschäfte steht dem Notar eine beschränkte Weigerungsbefugnis zu[44]. Die Funktion des Bundespräsidenten als Staatsnotar ist danach die eines Organs, das mit beschränkten Weigerungsrechten der Rechtskontrolle bei den von ihm beurkundeten Staatsakten dient.

Für die Ausfertigungskompetenz bedeutet dies die Bestätigung der oben gefundenen Funktionsbestimmung als einer beschränkten Rechtskontrollkompetenz. Sie fügt sich damit lückenlos in die Gesamtfunktion des Bundespräsidentenamtes ein.

Auch eine Beschränkung der Kontrolle des Ausfertigers gegenüber Gesetzen entspricht der Notarfunktion. Der Notar soll seine Mitwirkung nur bei schweren Fehlern verweigern[45]. Danach ist eine Beschränkung der Kontrollkompetenz auch beim „Staatsnotar" denkbar[46]. Auch dem Begriff der Legalitätsreserve entspricht es, daß sie nur in Ausnahmefällen Anwendung findet. Diesen Funktionsbestimmungen entspricht die Begrenzung der Verwerfungskompetenz auf gesamtnichtige Gesetze. Sie erfaßt die schweren Nichtigkeitsfälle, überläßt aber mehr als 90 % der Fälle der differenzierteren Kontrolle durch das Bundesverfassungsgericht.

---

[39] Eschenburg, S. 647; der Begriff hat, ohne nähere Klärung, in großem Maß Eingang in die politische Publizistik gefunden.

[40] Vgl. 1 Bundesnotarordnung.

[41] Mit der prozessualen Wirkung der §§ 415, 417, 418 ZPO.

[42] So ausdrücklich v. Mangoldt/Klein, S. 2032.

[43] § 17 Beurkundungsgesetz.

[44] § 14 Abs. 2 BNotO, § 4 BeurkG.

[45] § 14 Abs. 2 NotO, § 4 BeurkG.

[46] Zumal nach § 17 Abs. 2 S. 2 BeurkG auch der Notar Rechtsgeschäfte beurkunden kann, die nach seiner Auffassung unwirksam sind.

III. Zwischenergebnis

Die teleologische Auslegung bestätigt das bisherige Ergebnis. Die Ausfertigung hat Rechtskontrollzwecke, die zwar beschränkt, aber nicht auf die Prüfung nur formeller Gesetzesfehler sinnvoll beschränkbar sind. Das entspricht auch den in der Literatur vertretenen Funktionsbestimmungen des Bundespäsidentenamtes. Dagegen gibt es keine Konzeption des Bundespräsidentenamtes, die eine Rechtskontrollfunktion bei der Ausfertigung ausschließt.

Diese Kontrollfunktion erfordert aber keine durchgängige Verwerfung jeder nichtigen Teilnorm. Daher ist die aus systematischen und praktischen Gründen gebotene Beschränkung der Weigerungskompetenz auf gesamtnichtige Gesetze auch im Rahmen der teleologischen Auslegung möglich.

§ 10: Ergebnisse der Arbeit

I. Zusammenfassung der Ergebnisse

Einleitend wurden die Bestandteile der Ausfertigungskompetenz untersucht und die verschiedenen Lösungsansätze systematisiert.

Der Überblick über die bisherige Ausfertigungspraxis ergab, daß nur wenige Äußerungen der beteiligten Verfassungsorgane vorliegen, die eine umfassende Prüfung der Gesetze durch den Bundespräsidenten dulden. Andererseits hat er nur in vier Fällen seine Weigerungskompetenz ausgeübt. Dabei handelte es sich um gesamtnichtige Gesetze, von denen nur eines aus materiellen Gründen nichtig war. Danach kann man von einer gefestigten Praxis oder einem Gewohnheitsrecht auf materielle Prüfung nicht sprechen.

Im zweiten Teil der Arbeit wurde die Kompetenznorm, Art. 82 Abs. 1 S. 1, ausgelegt. Dabei erwies sich die Wortauslegung als unergiebig.

Die grammatische Auslegung ergab, daß die Bekundung bei der Ausfertigung sich auf ein fehlerfreies Gesetzgebungsverfahren richtet. Dies widerlegt die beschränkt-formelle Ausfertigungstheorie, schließt aber eine weitergehende Prüfungskompetenz nicht aus.

Die historische Auslegung ist wenig ergiebig. Sie machte es wahrscheinlich, daß die Ausfertigungskompetenz den gleichen Umfang hat wie nach der Weimarer Verfassung, sofern nicht systematische Gründe dagegen sprechen.

Innerhalb der systematischen Auslegung war zunächst im Anschluß an Rode noch einmal das die bisherige Diskussion beherrschende Argument von der Untrennbarkeit der formellen und materiellen Prüfung der Verfassungsmäßigkeit von Gesetzen zu widerlegen. Zwar verlangt die Prüfung eines Gesetzes auf formelle Fehler auch ein Eingehen auf den Gesetzesinhalt, aber keine umfassende Prüfung der materiellen Verfassungsmäßigkeit des Gesetzes. Ebenso läßt sich bei verfassungstextändernden Gesetzen die Prüfung der formellen Voraussetzungen in Art. 79 Abs. 1 und Abs. 2 von der Prüfung trennen, ob ein Verstoß gegen Art. 79 Abs. 3 oder Art. 19 Abs. 2 vorliegt.

Erstmals wurde dann das Problem der Ausfertigung teilnichtiger Gesetze untersucht. Dies ergab, daß der Bundespräsident im Gegensatz zum Bundesverfassungsgericht keine Möglichkeit zu einer Teilentscheidung hat. Er muß das Gesetz im ganzen ausfertigen oder die Ausfertigung insgesamt verweigern. Gegen die Gesamtweigerung sprechen zahlreiche Umstände, insbesondere die Souveränität des Gesetzgebers, die Schwerfälligkeit der Gesetzgebung und die Komplexität moderner Gesetzgebung. Daraus folgte die Begrenzung der Weigerungskompetenz auf gesamtnichtige Gesetze. Dies schließt eine Weigerung in mehr als 90 % der Fälle von Gesetzesnichtigkeit aus.

Die weitere systematische Auslegung sprach gegen eine Beschränkung der Prüfungskompetenz auf formelle Fehler des Gesetzes, da diese Begrenzung einer Prüfungsbefugnis bei allen vergleichbaren Kompetenzen unbekannt ist.

Dieses Ergebnis wurde durch die teleologische Auslegung bestätigt. Wegen der Gleichwertigkeit der verschiedenen Gesetzesfehler, deren Rechtsfolge einheitlich Nichtigkeit ist, läßt sich keine unterschiedliche Behandlung der verschiedenen Fehlerarten rechtfertigen. Eine Ausnahme bilden Fehler, die zur Teilnichtigkeit eines Gesetzes führen. Sie lassen wirksame Gesetzesteile bestehen, und rechtfertigen daher eine andere Behandlung bei der Ausfertigung.

Danach hat der Bundespräsident bei der Ausfertigung von Gesetzen folgende Befugnisse, die Recht und Pflicht zugleich sind:

1. Er bekundet mit seiner Unterschrift, daß das Gesetz von Fehlern frei ist, die zur Gesamtnichtigkeit führen.
2. Er hat daher vor Ausfertigung der Gesetze zu prüfen, ob das Gesetz fehlerhaft ist, und ob dieser Fehler zur Gesamtnichtigkeit führt. Ist beides der Fall, darf er das Gesetz nicht ausfertigen. Anderenfalls muß er das Gesetz unverzüglich ausfertigen und verkünden lassen.
3. Eine Prüfungskompetenz gleichen Umfangs haben die gegenzeichnenden Mitglieder der Bundesregierung.
4. Die Verwerfung nichtiger Teilnormen eines Gesetzes obliegt allein dem Bundesverfassungsgericht.

II. Auswirkungen dieser Ergebnisse

Diese Auslegung von Art. 81 Abs. 1 S. 1 verzichtet auf das Argument von der Untrennbarkeit formeller und materieller Prüfung. Sie benötigt auch nicht die unzutreffende Annahme, formelle und materielle Fehler seien ungleichwertig. Sie ist daher systematisch besser abgesichert als die bisherigen Lösungen.

Dazu ist sie praktikabler als die herrschende Meinung. Sie verlangt kein Eingreifen des Bundespräsidenten bei jeder nichtigen Gesetzesnorm. Die vorliegende Lösung berücksichtigt daher die Einwände der verschiedenen Mindermeinungen gegen eine umfassende Prüfungs- und Verwerfungspflicht des Bundespräsidenten. Sie erfaßt aber die meisten der von den Mindermeinungen als Weigerungsfälle angesehenen Gesetzesfehler, da formelle Fehler und schwere materielle Fehler häufig Gesamtnichtigkeit eines Gesetzes bewirken. Außerdem hat die vorgeschlagene Lösung den Vorzug eines klaren Abgrenzungsmaßstabes. Für die Frage, ob ein Gesetz teilnichtig oder gesamtnichtig ist, kann auf eine umfangreiche Rechtssprechung und Literatur zurückgegriffen werden.

Die hier vorgenommene Auslegung der Ausfertigungskompetenz entlastet den Bundespräsidenten von den Konfliktfällen, die ihm die konsequente Ausnutzung einer umfassenden Prüfungskompetenz bringt. Dies erleichtert seine integrierende Wirkung. Andererseits bleibt dem Bundespräsidenten seine Rechtskontrollfunktion als „Staatsnotar“ erhalten, da er bei groben, zur Gesamtnichtigkeit führenden Verstößen eingreifen kann.

Damit beschränkt die Auslegung die „potestas“ des Bundespräsidenten. Dies entspricht jedoch seiner Stellung nach dem Grundgesetz und kann ihn gerade befähigen, durch „auctoritas“ auf die anderen Staatsorgane zu wirken.

Anlage

Statistik der vom Bundesverfassungsgericht
für verfassungswidrig erklärten bundesgesetzlichen Normen (nach BVerfGE Bd. 1 — Bd. 42)

1	2	3	4	5	6	7	8	9	10	11	12	13
1951	2	1	1	1	—	1	1	—	2	—	—	—
1952	—	—	—	—	—	—	—	—	—	—	—	—
1953	1	—	—	1	—	—	1	—	—	—	1	—
1954	—	—	—	—	—	—	—	—	—	—	—	—
1955	—	—	—	—	—	—	—	—	—	—	—	—
1956	5	—	—	2	—	4	1	—	4	—	—	1
1957	2	—	—	5	1	—	2	—	—	—	—	1
1958	4	—	—	4	2	—	4	—	2	—	0,5	2
1959	3	—	—	3	1	1	2	—	1	—	1	1,5
1960	4	—	—	4	—	—	4	—	—	—	1,5	3
1961	4	—	—	4	1	—	4	—	—	—	2	2,5
1962	6	1	1	5	—	1	5	—	1	—	3	3
1963	9	—	—	9	5	—	9	—	—	—	1	6
1964	6	—	—	6	2	—	6	—	—	—	1	5
1965	5	—	—	5	3	—	5	—	—	—	1	4
1966	6	—	—	6	2	—	6	—	1	—	5	4
1967	8	2	2	6	2	—	8	—	2	—	2	1
1968	4	—	—	4	—	—	4	—	—	—	3	2
1969	10	4	4	6	3	1	9	—	3	—	3	4
1970	8	—	—	8	5	—	8	—	—	—	10	5
1971	14	1	1	13	4	—	14	—	0,5	—	1	3,5
1972	4	—	—	4	3	—	4	—	—	—	1	3
1973	1	—	—	1	—	—	1	—	—	—	1	—
1974	7	—	—	7	6	—	7	—	1	—	2	4
1975	3	—	—	3	1	—	3	—	0,5	0,5	1	1
1976	1	—	—	1	1	—	1	—	—	—	—	1 (bis Okt. 76)
Gesamt:	117	9	9	108	42	8	109	—	18	0,5	41	57,5
In %:	100	8		92		7	93		15		35	49
Entsprechende Aufgliederung der Weigerungsentscheidungen des Bundespräsidenten 1949—1976:												
	4	3	2	1	—	4	—					

Erläuterungen

A. Bedeutung Spalten 1—13

Spalte 1: Jahr, in dem die Entscheidung erging

Spalte 2: Gesamtzahl der Fälle im betreffenden Jahr

Spalte 3: Fälle formeller Verfassungswidrigkeit

Spalte 4: davon Fälle fehlender Gesetzgebungszuständigkeit

Spalte 5: Fälle materieller Verfassungswidrigkeit

Spalte 6: davon Fälle des Verstoßes gegen Art. 3 GG

Spalte 7: Fälle der Gesamtbetroffenheit (meist Gesamtnichtigkeit)

Spalte 8: Fälle der Teilbetroffenheit (meist Teilnichtigkeit)

Spalte 9: Verfahren eingeleitet nach Art. 93 Abs. 1 Nr. 2 GG durch *die Bundesregierung*

Spalte 10: Verfahren eingeleitet nach Art. 93 Abs. 1 Nr. 2 GG durch *eine Landesregierung*

Spalte 11: Verfahren eingeleitet nach Art. 93 Abs. 1 Nr. 2 GG durch *eine Bundestagsminderheit*

Spalte 12: Verfahren eingeleitet durch Verfassungsbeschwerde, Art. 93 Abs. 1 Nr. 4 a GG

Spalte 13: Verfahren eingeleitet durch Vorlagebeschluß, Art. 100 GG

B. Erläuterungen

1. Die acht Fälle der Gesamtnichtigkeit von Gesetzen (Spalte 7) enthalten die vier eng zusammenhängenden Verwerfungsfälle des Apothekenstoppgesetzes, seiner beiden Änderungsgesetze und des zweiten Apothekenstoppgesetzes, die in einer Entscheidung (BVerfGE 5, S. 25 ff.) aus identischem Rechtsgrund (Unbestimmtheit, Verstoß gegen das Rechtsstaatsprinzip) für nichtig erklärt wurden, daneben einen Fall des Verstoßes gegen Art. 120 GG (BVerfGE 9, S. 305 ff.) und drei Fälle der Unzuständigkeit des Bundesgesetzgebers.

2. Die Auswertung der Entscheidungen erfolgte nach folgenden Grundsätzen:

   a) In acht Fällen wurde die Verfassungswidrigkeit in Verfahren festgestellt, die von zwei verschiedenen Urhebern eingeleitet worden waren. In den Spalten 9—13 sind diese Fälle jedem Urlauber mit 0,5 zugerechnet.

   b) Nicht erfaßt wurden Fälle der Nichtigerklärung vorkonstitutionellen Rechts und solcher Rechtsnormen, die durch Debatte im Bundestag oder auf andere Weise zu nachkonstitutionellem Recht geworden waren, ohne daß sie vom Bundespräsidenten ausgefertigt wurden (z. B. BVerfGE 9, S. 39; 21, S. 292).

   c) Getrennt gezählt wurden Fälle, in denen Normen aus verschiedenen Gesetzen in derselben Entscheidung aus demselben Rechtsgrund verworfen wurden (BVerfGE 5, S. 25).

d) Als ein Fall wurde es gewertet, wenn dieselbe Norm in zwei Verfahren aus verschiedenen Gründen verworfen wurde (BVerfGE 6, S. 296 und 6, S. 282).

e) Erfaßt wurde die Verwerfung vorkonstitutionellen Rechts, das durch Verweisung darauf oder durch Novellierung nachkonstitutionell geworden war (BVerfGE 13, S. 290; 37, S. 217).

f) Als ein Fall wurde es gewertet, wenn sowohl die ursprüngliche als auch die geänderte Fassung eines Gesetzes verworfen wurde.

g) Erfaßt wurden auch die Fälle, in denen die Verfassungswidrigkeit festgestellt, das Gesetz jedoch nicht für nichtig erklärt wurde.

h) Getrennt wurden die Fälle gezählt, in denen in verschiedenen Verfahren verschiedene Bestimmungen eines Gesetzes aus verschiedenen Rechtsgründen beanstandet wurden, ebenso, wenn dies im gleichen Verfahren geschah.

i) Nicht erfaßt wurden Fälle, in denen das Gericht feststellte, das Unterlassen einer bestimmten Regelung sei verfassungswidrig (z. B. BVerfGE 41, S. 399).

Literaturverzeichnis

Soweit nicht anders angegeben, sind die Schriften mit dem Autorennamen zitiert.

Albert, Ernst: Materielle Prüfungsbefugnisse des Bundespräsidenten, Diss. Erlangen 1956

Anders, Georg: Zum Prüfungsrecht des Bundespräsidenten, in: DÖV 1963, S. 653—659

Anschütz, Gerhard: Die Verfassung des Deutschen Reiches, Nachdruck der 14. Aufl. Berlin 1933. Darmstadt 1960

Apelt, Willibalt: Geschichte der Weimarer Verfassung, München 1946

Arndt, Claus: Das Prüfungsrecht des Bundespräsidenten, in: DÖV 1958, S. 604—607
(zit. Arndt, Prüfungsrecht)

— Zum Begriff der Partei im Organstreitverfahren, in: AöR 87, 1962, S. 197—239
(zit. Arndt, Begriff)

Berger, Stefanie: Materielles Prüfungsrecht des Bundespräsidenten, in: Zeitschrift für Parlamentsfragen, 1971, S. 3—11

Bettermann, Karl-August: Über richterliche Normenkontrolle, in: ZZP 72, 1959, S. 32—43

Biehl, Hansjörg: Die Gegenzeichnung im parlamentarischen Regierungssystem der Bundesrepublik Deutschland, Berlin 1971

Böckenförde, Ernst Wolfgang: Die Organisationsgewalt im Bereich der Regierung, Berlin 1964

Brandt, Ahasver von: Werkzeug des Historikers, 3. Aufl., Stuttgart 1958

Bürgerkunde, Österreichische: Handbuch der Staats- und Rechtskunde in ihren Beziehungen zum öffentlichen Leben, 2 Bde., Wien o. J. (1909)

Büsser, Kurt: Die Zulässigkeit der Verfassungsbeschwerde gegen Gesetze, Diss. Mainz 1967

Dagtoglou, Prodomos: Ersatzpflicht des Staates bei legislativem Unrecht?, Tübingen 1963

Doehring, Karl: Der „Pouvoir neutre“ und das Grundgesetz, in: Der Staat, Bd. 3, 1964, S. 201—219

Doemming, Klaus-Berto v. / *Füsslein,* Rudolf Werner / *Matz,* Werner: Entstehungsgeschichte der Artikel des Grundgesetzes, in: Jahrbuch des öff. Rechts der Gegenwart, NF 1, 1951, S. 1—926

Dreher, Eduard: Das parlamentarische System des Bonner Grundgesetzes im Vergleich zur Weimarer Reichsverfassung, in: NJW 1950, S. 130—133

Knöpfle, Franz: Das Amt des Bundespräsidenten in der Bundesrepublik Deutschland, in DVBl. 1966, S. 713 ff.

Koellreuther, Otto: Deutsches Staatsrecht, Stuttgart 1953

Korte, Heinrich: Verfassung und Verwaltung des Landes Niedersachsen, Göttingen 1962

Kottenberg, Kurt / *Rehn*, Erich: Gemeindeordnung für das Land Nordrhein-Westfalen, 9. Aufl., Siegburg 1970

Kratzer, Jakob: Zustimmungsgesetze, in: AöR 77, 1953, S. 266—283

Krüger, Herbert: Allgemeine Staatslehre, 2. Aufl., Stuttgart-Berlin-Köln-Mainz 1966

Küppers, Helmut: Das Prüfungsrecht des Bundespräsidenten gegenüber Gesetzen, Diss. Mainz 1953

Laband, Paul: Das Staatsrecht des Deutschen Reiches, 5. Aufl., 2. Bd., Tübingen 1911

Ladenburger, Clemens: Die Prüfungszuständigkeit des Bundespräsidenten bei der Ausfertigung von Gesetzen, Diss. Tübingen 1966

Laforet, Wilhelm: Die Scheidung der Gewalten nach dem Bonner Grundgesetz, in: Gegenwartsprobleme des Rechts. Festschrift für Josef Ebers, 1. Band, Paderborn 1950, S. 53—69

Larenz, Karl: Methodenlehre der Rechtswissenschaft, 2. Aufl., Berlin-Heidelberg 1969

Lechner, Hans / *Hülshof*, Klaus: Parlament und Regierung, 2. Aufl., München-Berlin 1958

Leibholz, Gerhard: Die Verfassungsdurchbrechung, in: ders.: Strukturprobleme der modernen Demokratie, 2. Aufl., Karlsruhe 1967, S. 185—198

Lindler, Bruno: Ausfertigung und Verkündung von Gesetzen durch den Bundespräsidenten, Diss. Köln 1951

Lobe, Adolf: Das richterliche Prüfungsrecht und die Entwicklung der gesetzgebenden Gewalt im neuen Reich, in: AöR 67, 1937, S. 194—220

M., U: Südweststaat-Frage und „Blitzgesetz“, in: AöR 77, 1951/52, S. 96—103

Majer, Dietmut: Die Folgen verfassungswidriger Gesetze im öffentlichen Recht, Diss. Freiburg 1966

Mang / Maunz / Mayer / Obermayer: Staats- und Verwaltungsrecht in Bayern, 4. Aufl., München 1975

Mangoldt, Hermann v.: Das Bonner Grundgesetz, Berlin-Frankfurt 1953

Mangoldt, Hermann v. / *Klein*, Friedrich: Das Bonner Grundgesetz, 2. Aufl., 1957 ff.

Maunz, Theodor: Deutsches Staatsrecht, 18. Aufl., München-Berlin 1971

Maunz, Theodor / *Dürig*, Günter / *Herzog*, Roman: Grundgesetz, Loseblattkommentar, München 1959 ff.

Maurer, Hartmut: Hat der Bundespräsident ein politisches Mitspracherecht, in: DÖV 1966, S. 665—675

Mayer, Franz / *Ule*, Carl-Hermann: Staats- und Verwaltungsrecht in Rheinland-Pfalz, Stuttgart 1969

Mayer-Tasch, Peter Cornelius: Die Verfassungen der nichtkommunistischen Staaten Europas, 2. Aufl., München 1975

Menzel, Eberhard: Kommentar zu Art. 58 GG, in: Bonner Kommentar, Loseblattkommentar, Hamburg 1950 ff.
(zit. Menzel BK)

— Ermessensfreiheit des Bundespräsidenten bei der Ernennung der Bundesminister? in: DÖV 65, S. 581—597
(zit. Menzel, Ermessensfreiheit)

Michel, Helmut: Normenkontrolle durch die vollziehende Gewalt, in: NJW 1960, S. 841—846

Model, Otto / *Müller*, Klaus: Grundgesetz für die Bundesrepublik Deutschland, 7. Aufl., Bonn-Berlin-Köln 1972

Müller, Hanswerner: Handbuch der Gesetzgebungstechnik, Bonn 1963
(zit. Müller, Gesetzgebungstechnik)

Müller, Klaus: Öffentliches Recht für Anfänger, 2. Aufl., Köln-Berlin-Bonn-München 1969
(zit. Müller, Recht)

Münch, Fritz: Die Bundesregierung, Frankfurt 1954

Nawiasky, Hans: Die Grundgedanken des Grundgesetzes für die Bundesrepublik Deutschland, Stuttgart-Köln 1950

Nierhaus, Michael: Entscheidung, Prädidialakt und Gegenzeichnung, München 1973

Oestreich, Gerhard: Die Entwicklung der Menschenrechte und Grundfreiheiten, in: Bettermann/Nipperdey/Scheuner, Die Grundrechte, Bd. I, 1. Halbband, Berlin 1966, S. 1—124

Otten, Karl-Heinz: Der Gesetzesbeschluß und die freien Wirksamkeitsvoraussetzungen im ordentlichen Gesetzgebungsverfahren nach dem Bonner Grundgesetz, Diss. Münster 1963

Papier, Hans-Jürgen: Der verfahrensfehlerhafte Staatsakt, Tübingen 1973

Peaslee, Amos J.: Constitutions of Nations, 3. Aufl. Bd. III Europe, Den Haag 1968

Pöttgen, Heribert: Die Gegenzeichnung der Amtshandlungen des Bundespräsidenten nach Art. 58 des Grundgesetzes, Diss. Köln 1958

Rauschning, Dietrich: Die Sicherung der Beachtung von Verfassungsrecht, Habil. Bad Homburg-Berlin-Zürich 1969

Rode, Karlheinz: Die Ausfertigung der Bundesgesetze, Berlin 1968

Röhring, Hans-Helmut / *Sontheimer*, Kurt: Handbuch des deutschen Parlamentarismus, München 1970

Sahlmüller, Fred: Ausfertigung und Verkündung von Gesetzen in Bund und Ländern, Diss. Würzburg 1966

Schack, Friedrich: Rezension zu Rode, in: DVBl. 1969, S. 410
(zit. Schack, Rezension Rode)

— Rezension zu Wild, in: DVBl. 1969, S. 941 f.
(zit. Schack, Rezension Wild)

— Die Prüfung der Rechtmäßigkeit von Gesetz und Verordnung, Berlin 1918
(zit. Schack, Prüfung)

Schack, Friedrich: Die Haftung des Staates für die am Gesetzgebungsverfahren beteiligten Organe, in: DÖV 1971, S. 446 ff.
(zit. Schack, Haftung)

— Die Prüfungszuständigkeit des Bundespräsidenten bei der Ausfertigung von Gesetzen, in: AöR 89, 1964, S. 88—96
(zit. Schack, Prüfungszuständigkeit)

Schäfer, Hans: Das materielle Prüfungsrecht bei der Ausfertigung von Gesetzen, in: DVBl. 1951, S. 434—436

Scheuner, Ulrich: Probleme und Verantwortungen der Verfassungsgerichtsbarkeit in der Bundesrepublik, in: DVBl. 1952, S. 293—298
zit. Scheuner, Probleme)

— Das Amt des Bundespräsidenten, Tübingen 1966
(zit. Scheuner, Amt)

Schlochauer, Hans-Jürgen: Öffentliches Recht, München 1975

Schmidt-Bleibtreu, Bruno / *Klein,* Franz: Kommentar zum Grundgesetz für die Bundesrepublik Deutschland, 2. Aufl., Neuwied-Berlin 1969

Schmitt, Carl: Der Hüter der Verfassung, 2. unveränderte Aufl., Berlin 1969

Schneider, Hans: Die Zustimmung des Bundesrates zu Gesetzen, in: DVBl. 1953, S. 257—261

Schultz, Günther: Rundschau (Blick in die Zeit), in: MDR 1970, S. 650—652

Servatius, Kurt: Die Gegenzeichnung von Handlungen des Bundespräsidenten, Diss. Köln 1960

Skouris, Wassilios: Teilnichtigkeit von Gesetzen, Berlin 1973

Spanner, Hans: Zur Stellung des Staatsoberhauptes in Deutschland und Östereich seit 1918, in: DÖV 1966, S. 619—624

Spiegel: Zur Behandlung des Gesetzes gegen den Betriebs- und Belegschaftshandel, in: BB 1961, S. 1214

Starck, Christian: Der Gesetzesbegriff des Grundgesetzes, Habil. Würzburg 1970

Stein, Ekkehart: Lehrbuch des Staatsrechts, 3. Aufl., Tübingen 1973

Stephan, Bodo: Das Rechtsschutzbedürfnis, Berlin 1967

Tiefenbacher, Erhard: Gesetz gegen den Betriebs- und Belegschaftshandel vom Bundespräsidenten nicht ausgefertigt, in: BB 1961, S. 1177 f.

Tomuschat, Christian: Verfassungsgewohnheitsrecht?, Heidelberg 1972

Ule, Carl-Hermann: Beamtenrecht, Köln-Berlin-Bonn-München 1970

Weber, Werner: Spannungen und Kräfte im westdeutschen Verfassungssystem, 2. Aufl., Stuttgart 1958

Wertenbruch, Wilhelm: Für und wider das materielle Prüfungsrecht des Bundespräsidenten, in: DÖV 1952, S. 201—204

Weyr, Franz: Zum Begriff der Promulgation, in: ZÖR 6, 1926/27, S. 353—366

Wild, Gisela: Die Ausfertigung von Gesetzen und Verordnungen und die Anordnung ihrer Verkündung, Heidelberg 1969

Winkler, Hans-Joachim: Der Bundespräsident, Opladen 1967

Wolff, Hans Justus: Verwaltungsrecht, Bd. II, 3. Aufl., München-Berlin 1970

Wolff, Hans Justus / *Bachof*, Otto: Verwaltungsrecht, Bd. I., 9. Aufl., München 1974

Ziegler, Wolfgang: Die Verkündung von Satzungen und Rechtsverordnungen der Gemeinden, Berlin 1976

Zuhorn, Karl / *Hoppe*, Werner: Gemeindeverfassung, 2. Aufl., Siegburg 1962

FSC
www.fsc.org
MIX
Papier | Fördert gute Waldnutzung
FSC® C083411

Kolibri 360 GmbH
Ferdinand-Jühlke-Straße 7
99095 Erfurt, Deutschland
produktsicherheit@kolibri360.de

Druck:
CPI Druckdienstleistungen GmbH
im Auftrag der
Kolibri 360 GmbH
Ferdinand-Jühlke-Str. 7
99095 Erfurt